I0073163

Hans Joachim Schneider
**Kriminalpolitik an der Schwelle
zum 21. Jahrhundert**

Schriftenreihe
der
Juristischen Gesellschaft zu Berlin

Heft 155

W
DE
G

1998
Walter de Gruyter · Berlin · New York

Kriminalpolitik an der Schwelle zum 21. Jahrhundert

– Eine vergleichende Analyse zur Inneren Sicherheit –

Von
Hans Joachim Schneider

Erweiterter Vortrag
gehalten vor der
Juristischen Gesellschaft zu Berlin
am 17. September 1997

W
DE
G

1998
Walter de Gruyter · Berlin · New York

Dipl.-Psych. Dr. jur. Dr. h. c. *Hans Joachim Schneider,*
em. o. Professor an der Universität Münster/Westfalen

⊗ Gedruckt auf säurefreiem Papier,
das die US-ANSI-Norm über Haltbarkeit erfüllt.

Die Deutsche Bibliothek – CIP-Einheitsaufnahme

Schneider, Hans Joachim :
Kriminalpolitik an der Schwelle zum 21. Jahrhundert : eine ver-
gleichende Analyse zur inneren Sicherheit ; erweiterter Vortrag, gehalten vor der Juristischen Gesellschaft zu Berlin am 17. September 1997 /
von Hans Joachim Schneider. – Berlin ; New York : de Gruyter, 1998
 (Schriftenreihe der Juristischen Gesellschaft zu Berlin ; H. 155)
 ISBN 3-11-016172-9

© Copyright 1998 by Walter de Gruyter & Co., D-10785 Berlin
Dieses Werk einschließlich aller seiner Teile ist urheberrechtlich geschützt. Jede Verwertung außerhalb der
engen Grenzen des Urheberrechtsgesetzes ist ohne Zustimmung des Verlages unzulässig und strafbar. Das gilt
insbesondere für Vervielfältigungen, Übersetzungen, Mikroverfilmungen und die Einspeicherung und Verar-
beitung in elektronischen Systemen.
Printed in Germany
Satz und Druck: Saladruck, Berlin
Buchbinderische Verarbeitung: Industriebuchbinderei Fuhrmann GmbH & Co. KG, Berlin

Inhaltsverzeichnis

I. Situation der Kriminalpolitik in Deutschland und in den USA

Um die gegenwärtige Kriminalpolitik in der Bundesrepublik zu verdeutlichen, empfiehlt es sich, sie der Kriminalpolitik in den USA gegenüberzustellen. Aus den USA hat Deutschland in seiner Strafrechtsgeschichte viele kriminalpolitische Anregungen[1] bekommen. Die USA sind mit ihren 51 Kriminaljustizsystemen (mit ihrem Bundessystem und ihren Einzelstaatssystemen) ein riesiges Experimentierfeld[2]. Die Nordamerikaner sind auch kriminalpolitisch experimentierfreudiger als die Europäer. Mit ihrer gut entwickelten Kriminologie werden dort mehr Implementations- und Evaluationsforschungen unternommen, so daß Erfolg oder Mißerfolg einer kriminalpolitischen Maßnahme besser eingeschätzt werden kann.

In den USA ist der Glaube an die Freiheitsstrafe in der Bevölkerung ungebrochen. Der Strafvollzug hat sich fast schon zu einer „Verbrechens-Kontrollindustrie"[3] entwickelt. Dort hat sich die Gefangenenrate in den letzten 20 Jahren fast vervierfacht[4]. Eineinhalb Millionen Menschen befinden sich in Strafanstalten; die Gefangenenzahl (Zahl der Inhaftierten auf 100.000 Einwohner) ist mit 565 die höchste in der Welt. Deutschland hat demgegenüber eine Gefangenenzahl von nur 83[5]. Zwar stehen in den USA noch weit mehr Menschen unter der Aufsicht der Bewährungshilfe (fast drei Millionen), aber sie hat in der Bevölkerung ein schlechtes Image. Denn über die Fälle, in denen „Probationers" schwere Straftaten begehen, wird in den Massenmedien breit berichtet. In Deutschland hat sich das Verhältnis Freiheitsstrafe zur Geldstrafe in den letzten hundert Jahren umgekehrt. Wurden im Jahre 1882 noch 75 % aller Angeklagten zu Freiheitsstrafe und 25 % zu Geldstrafe verurteilt, so ist die Geldstrafe mit einem Anteil von 84 % heute an allen Strafen in Deutschland die bei weitem häufigste straf-

---

[1] *Berthold Freudenthal:* Amerikanische Kriminalpolitik. Berlin 1907; *Moritz Liepmann:* Amerikanische Gefängnisse und Erziehungsanstalten. Mannheim, Berlin, Leipzig 1927; *Franz Exner:* Kriminalistischer Bericht über eine Reise nach Amerika. Berlin, Leipzig 1935.

[2] *Leon Radzinowicz:* In Search of Criminology. London, Melbourne, Toronto 1961, 114–166.

[3] *Nils Christie:* Crime Control as Industry. London, New York 1993.

[4] U.S. Department of Justice: Sourcebook of Criminal Justice Statistics – 1995. Washington D.C. 1996, 557.

[5] Council of Europe: Situation of the Prisons at 1 September 1994. In: Penological Information Bulletin. 19/20 (1994/1995), 77–92.

rechtliche Sanktion[6]. Die Geldstrafe wird in den USA nur selten verhängt, weil Experten der Auffassung sind, daß mit ihr die ernste Kriminalitätssituation der USA nicht kontrolliert werden kann. Das aus Skandinavien übernommene Tagessatzsystem ermöglicht es in Deutschland zwar, die Höhe der Geldstrafe an das Einkommen des individuellen Täters anzupassen. Die Geldstrafe hat indessen einen entscheidenden Nachteil. Sie sollte dem Verbrechensopfer und nicht dem Staat zustehen. Denn das Verbrechensopfer ist der eigentlich Geschädigte, und eine Resozialisierung des Täters liegt wesentlich näher, wenn er den Schaden des konkret verletzten Opfers wiedergutmacht. Die Alternativprofessoren haben deshalb ihr Opferfondsmodell entwickelt, nach dem die Geldbeträge, die von den Verurteilten als Sanktion gezahlt werden, den Verletzten zur Verfügung gestellt werden sollen[7].

Nach diesen bisherigen Ausführungen wäre es verfehlt, anzunehmen, die Kriminalpolitik in den USA sei einseitig straforientiert. Ein führender nordamerikanischer Kriminologe hat die Kriminalpolitik seines Landes auf die griffige Formel gebracht: „eine schizoide Kombination therapeutischer und punitiver Ansätze"[8]. Zwar ist der undifferenzierte Resozialisierungsgedanke, wie er in Deutschland immer noch zu herrschen scheint, in den USA inzwischen aufgegeben worden und von einer „Wiederbelebung"[9] des Behandlungsgedankens kann keine Rede sein. Gleichwohl laufen – trotz einer tiefgreifenden Ernüchterung[10] – viele Behandlungsprojekte, insbesondere für Drogenabhängige und Sexualstraftäter, weiter, und das irreale Therapiemodell hat einem realistischeren Trainingskonzept Platz gemacht. Täterorientierte Alternativen zum Freiheitsstrafvollzug haben sich als sehr begrenzt erfolgreich erwiesen. Mit Vorbeugungsprojekten und opferorientierter Kriminalpolitik wird in beiden Ländern nur in bescheidenem Maße experimentiert, in den USA allerdings mehr als in Deutschland. Nach vielen enttäuschenden Vorbeugungsprojekten zeigen sich jetzt erste Erfolge. Die wenigen Experimente mit opferorientierter Kriminalpolitik werden als durchaus positiv beurteilt. Wiedergutmachung wird in Deutschland von

---

[6] *Hans-Heinrich Jescheck/Thomas Weigend:* Lehrbuch des Strafrechts. Allgemeiner Teil. 5. Aufl. Berlin 1996, 746.

[7] Arbeitskreis deutscher, schweizerischer und österreichischer Strafrechtslehrer: Alternativ-Entwurf Wiedergutmachung. München 1992, 96/97.

[8] *Don C. Gibbons:* The Limits of Punishment as Social Policy. In: Clayton A. Hartjen/Edward E. Rhine (Hrsg.): Correctional Theory and Practice. Chicago 1992, 12–28, bes. 18.

[9] *Friedrich Lösel:* Psychosocial Interventions in the Criminal Justice System. In: Council of Europe (Hrsg.): Psychosocial Interventions in the Criminal Justice System. Strasbourg 1995, 79–114, bes. 81.

[10] *Lee Sechrest/Susan O. White/Elizabeth D. Brown:* The Rehabilitation of Criminal Offenders: Problems and Prospects. Washington D.C. 1979, 3.

der kriminalwissenschaftlichen Theorie, vom Gesetzgeber, vom Täter, vom Opfer und von der Gesellschaft zwar mehrheitlich begrüßt, von der Kriminaljustizpraxis aber wenig angewandt. Die Staatsanwälte und Strafrichter sind noch zu sehr im traditionellen täterorientierten Strafrecht befangen. Megakriminalität, also Straftaten durch legale Wirtschaftsunternehmen oder durch illegale Organisationen, versucht man, in den USA durch eine organisationsorientierte Strafverfolgungsstrategie besser in den Griff zu bekommen. In Deutschland steht indessen immer noch die Abwehrdiskussion obrigkeitsstaatlicher Eingriffe im Vordergrund, obgleich unserem demokratischen Rechtsstaat die Kontrollinstrumente nicht verweigert werden dürfen, die er zu seiner Verteidigung benötigt. Jugendgericht und Jugendstrafanstalt, die Deutschland vor fast hundert Jahren aus den USA übernommen hat[11], sind inzwischen dort in die Krise geraten. Während man in Deutschland einen großen Teil der Jugenddelinquenz informell (durch Diversion) zu erledigen versucht und während hier stationäre Sanktionen zugunsten ambulanter zurückgedrängt werden[12], diskutiert man in den USA darüber, Jugendgericht und Jugendstrafvollzug gänzlich abzuschaffen und durch ein etwas modifiziertes Erwachsenenstrafverfahren zu ersetzen. Freilich steht dieser kriminalpolitischen Richtung eine andere gegenüber, die das Jugendgericht zu einem Familiengericht ausbauen möchte.

II. Kriminalpolitische Entwicklungstendenzen in einer gewandelten Sozialstruktur

Mit der gewandelten Sozialstruktur im gesellschaftlichen Lernprozeß muß auch das Kriminaljustizsystem umgebaut werden. Den geänderten Verhaltensstilen und Wertvorstellungen in der Gesellschaft ist Rechnung zu tragen. Die Entwicklung der Agrargesellschaft zur Industriegesellschaft und ihre Fortentwicklung zur Dienstleistungs- und Informationsgesellschaft haben die informelle Sozialkontrolle durch Familie, Schule, Nachbarschaft, Berufs- und Freizeitgruppen geschwächt. Selbstregulierungsmechanismen sind außer Kraft gesetzt worden. Aus modernen Forschungsergebnissen der Vergleichenden Kriminologie ergibt sich indessen, daß in Ländern mit niedriger Kriminalität die informelle Sozialkontrolle stark ausgeprägt ist, daß die Gemeinschaft *ihr* Kriminaljustizsystem unterstützt und daß das Kriminaljustizsystem die Nähe *seiner* Gemeinschaft

---

[11] *Freudenthal:* aaO. (Fn. 1), 1907, 20–23.

[12] *Wolfgang Heinz:* Die Jugendstrafrechtspflege im Spiegel der Rechtspflegestatistiken. In: Monatsschrift für Kriminologie und Strafrechtsreform. 73 (1990), 210–226; vgl. auch Antwort der Bundesregierung: Jugendstrafrecht und Präventionsstrategien. Deutscher Bundestag, Drucksache 13/8284, S. 48.

sucht[13]. Im Zivilisationsprozeß[14], mit der Verbesserung der Ausbildung, Erziehung und Information, sind die Bürger empfindlicher für Gewalt im sozialen Nahraum, z. B. für körperliche Mißhandlung und sexuellen Mißbrauch von Frauen und Kindern, geworden. Gleichzeitig hat sich eine höhere Sensibilität für legale, staatliche Gewaltanwendung herausgebildet[15]. Der mündige Bürger möchte ein Mitsprache- und Mitwirkungsrecht haben. Er möchte Verantwortung mit übernehmen. Im Obrigkeitsstaat wurde die Verbrechenskontrolle allein durch Experten, durch Spezialisten ausgeübt. Im demokratischen Rechtsstaat ist der Bürger bereit, an *seiner* Kriminaljustiz mitzuwirken und durch seine Mitwirkung *seine* Strafrechtspflege zu kontrollieren. Sein Sicherheitsstreben ist groß[16], und die formelle Sozialkontrolle stößt wegen der steigenden und immer schwerer werdenden Kriminalität personell wie finanziell an ihre Grenzen.

Aus diesen Gründen sind folgende Maßnahmen erforderlich:

– Der Bürger ist stärker an der formellen Kontrolle, an der Kriminaljustiz zu beteiligen. Die Strafrechtspflege muß die Mitwirkungsbereitschaft des Bürgers aktivieren. Hierdurch müssen wieder Selbstregulierungsmechanismen in Kraft gesetzt werden.

– Die Verbrechenskontrolle ist eine Gemeinschaftsaufgabe. Die Kriminaljustiz muß mit Hilfe der informellen Kontrolle[17] versuchen, die sozialstrukturellen Ursachen der Kriminalität, die gesellschaftlichen Krisenherde zu beseitigen.

– Von einer vorschnellen Anwendung des staatlichen Gewaltmonopols muß Abstand genommen werden. Strafrecht und Strafverfahren müssen ultima ratio bleiben.

– Die Mitverantwortlichkeit des Bürgers darf nicht durch die Ersetzung des Strafrechts (durch Abolitionismus[18]) aktiviert werden. Vielmehr sind Strafrecht und Strafverfahren weiter zu entwickeln. Trotz stärkerer Bür-

---

[13] *Freda Adler:* Nations Not Obsessed With Crime. Littleton/Colorado 1983, 130–134.

[14] *Norbert Elias:* Über den Prozeß der Zivilisation. 2 Bände. Frankfurt/Main 1976.

[15] *Jan J. M. van Dijk:* Penal Sanctions and the Process of Civilization. In: International Annals of Criminology. 27 (1989), 191–204.

[16] *Günther Kaiser:* „Innere Sicherheit" – kein Rechtsbedürfnis der Bevölkerung? In: Raimund Jakob/Martin Usteri/Robert Weimar (Hrsg.): Psyche, Recht, Gesellschaft. Bern, München 1995, 31–46.

[17] *John H. Laub/Robert J. Sampson/Ronald P. Corbett/Jinney S. Smith:* The Public Policy Implications of a Life-Course Perspective on Crime. In: Hugh D. Barlow (Hrsg.): Crime and Public Policy. Boulder/Colorado, Oxford 1995, 91–106.

[18] So aber z. B. *Herman Bianchi:* Justice as Sanctuary. Toward a New System of Crime Control. Bloomington, Indianapolis 1994.

gerbeteiligung sind Mittel und Institutionen des Strafrechts im Hintergrund stets in Bereitschaft zu halten[19].

– Abschreckung, negative Generalprävention, fremdbestimmte Verhaltenssteuerung, Zwang durch Strafandrohung, bleibt zwar wichtig. Sie ist aber durch moderne sozialstrukturelle Entwicklungen in den Hintergrund getreten.

– Gegenwärtige Kriminalpolitik muß vielmehr in verstärktem Maße auf positive Generalprävention, auf selbstbestimmte Verhaltenssteuerung setzen, bei der die Gesetzesnorm als Verhaltensmodell wirkt.

– Bei der negativen Generalprävention stellt der Staat die Machtfrage; er droht die Anwendung seines Gewaltmonopols an. Bei der positiven Generalprävention versucht der Staat, seine Bürger durch Argumentation zu überzeugen; sie sollen die Norm freiwillig verinnerlichen. Negative Generalprävention schafft bestenfalls oberflächliche äußere Anpassungsbereitschaft an sozialkonforme Verhaltensweisen. Durch positive Generalprävention wird indessen eigenständiges, von innen gesteuertes Rechtsbewußtsein gebildet.

– Das Kriminaljustizsystem ist bei der konventionellen, traditionellen Kriminalität zu entlasten, damit es sich stärker auf die Makro- oder Megakriminalität durch legale und illegale Organisationen konzentrieren kann. Eine organisationsorientierte kriminalpolitische Strategie ist zu entwickeln.

– Schließlich muß das Kriminaljustizsystem aufgewertet werden. Die gegenwärtige „Bullen-Knast-Mentalität" weiter Bevölkerungskreise ist einer wirksamen Kriminalpolitik abträglich.

III. Das Problem der Freiheitsstrafe

A. Das Unfähigmachen (Incapacitation)

Die Gefangenenzahlen haben sich in den USA in den letzten zwanzig Jahren vervierfacht, weil eine harte Kriminalpolitik („Get-Tough-On-Crime" Policy) seit Anfang der sechziger Jahre ein ständiges Thema bei Wahlkampagnen gewesen ist. Eine harte Kriminalpolitik hat sich hierbei als sicherste Wahlunterstützung („Safest Bet") erwiesen. Mit Milde und Nachsichtigkeit gegenüber dem Verbrechen („Soft On Crime") konnte man nur Wahlen verlieren. Häufigkeit und Länge der Freiheitsstrafen werden dadurch gerechtfertigt, daß durch das physische Wegsperren Verbrechen verhindert werden und daß sich hierdurch die Kosten für die Strafanstalten auszahlen. Resozialisierung hat an Glaubwürdigkeit verloren. „Incapacitation", das Unfähigmachen, die physische Hinderung der Strafgefangenen, Rechtsbrüche zu begehen, bildet heute die Legitimation für die Häufigkeit

---

[19] *Günther Kaiser:* Kriminologie. 2.Aufl. Heidelberg 1996, 1087.

und größere Länge der Freiheitsstrafen[20]. „Mehr Gefängnisse oder mehr Kriminalität" ist der Slogan der konservativen Kriminalpolitiker. Hierbei unterscheidet man kollektives und selektives Unfähigmachen. Beim kollektiven Unfähigmachen werden ganz allgemein häufigere und längere Freiheitsstrafen verhängt. Beim selektiven Unfähigmachen konzentriert man die langen Haftstrafen auf gefährliche Rückfalltäter. Man geht dabei vom zentralen Ergebnis der kriminologischen Kohortenforschung aus, nach dem nur 6% der gesamten Geburtskohorte für 53 % aller polizeilich registrierten Delikte und für zwei Drittel der Gewaltverbrechen verantwortlich sind[21]. Ein kriminologischer Gutachter des Europarates[22] sagt die verspätete Übernahme dieser harten Kriminalpolitik durch europäische Staaten voraus.

Im Jahre 1994 hat Kalifornien die „Three Strikes Legislation" (die „Drei Schläge Gesetzgebung") aufgrund eines Referendums eingeführt. Ein spektakulärer Mordfall durch einen Rückfalltäter, der von den Massenmedien noch dramatisiert worden ist, bildet die Grundlage für die „moralische Panik" und den „symbolischen Kreuzzug"[23], die diese Gesetzgebung herbeigeführt haben. Nach der „Drei Schläge Gesetzgebung" muß jeder Rückfalltäter, der eine Vorstrafenliste von zwei schweren Gewalttaten besitzt, zu einer Freiheitsstrafe von mindestens 25 Jahren oder zu einer lebenslangen Freiheitsstrafe verurteilt werden, wenn er eine dritte Straftat verübt. Fast die Hälfte der Staaten der USA und das Kriminaljustizsystem des Bundes haben sich inzwischen dieser Gesetzgebung angeschlossen.

Gegen das kollektive wie das selektive Unfähigmachen und gegen die Freiheitsstrafe allgemein bestehen ernste kriminalpolitische Bedenken:
– Man hat die Kosten des kollektiven Unfähigmachens einmal durchgerechnet und dabei herausgefunden, daß die Erhöhung der Gefängnispopulation um 1 % nur zu einer Verminderung der Kriminalität um 0,1 % bis 0,2 % führt[24].
– Durch die Ausweitung der Freiheitsstrafe tritt ein bedenklicher Gewöhnungseffekt ein. Da inzwischen 25 % der farbigen Bevölkerung der

[20] *Franklin E. Zimring/Gordon Hawkins:* Incapacitation. New York, Oxford 1995.
[21] *Marvin E. Wolfgang/Robert M. Figlio/Thorsten Sellin:* Delinquency in a Birth Cohort. Chicago, London 1972; vgl. auch: *Paul E. Tracy/Marvin E. Wolfgang/Robert M. Figlio:* Delinquency Careers in Two Birth Cohorts. New York, London 1990.
[22] *Jan J.M. van Dijk:* Future Perspectives Regarding Crime and Criminal Justice. In: Council of Europe (Hrsg.): 4th Conference on Crime Policy. Strasbourg 1991, 48–69, bes. 58.
[23] *Ray Surette:* News From Nowhere, Policy to Follow. In: David Shichor/Dale K. Sechrest (Hrsg.): Three Strikes and You're Out. Thousand Oaks, London, New Delhi 1996, 177–202.
[24] *William Spelman:* Criminal Incapacitation. New York, London 1994, 227.

USA Freiheitsstrafen verbüßt haben, verlieren sie ihre abschreckende Wirkung. Die kalifornischen Jugendstrafanstalten haben bereits jetzt das ernste Problem, daß ihnen Anstaltskleidung gestohlen wird. Die jugendlichen Strafgefangenen tragen diese Kleidung nach ihrer Entlassung, um damit in aller Öffentlichkeit anzugeben, welche „harte Zeit" sie hinter sich gebracht haben[25].

Gegen das selektive Unfähigmachen werden gleichfalls zahlreiche Einwände geltend gemacht:
– Es ist verfassungsrechtlich unhaltbar, jemanden für Straftaten zu bestrafen, die er noch gar nicht verübt hat[26]. Das ist vorbeugende Verwahrung.
– Es ist ferner verfassungsrechtlich nicht bedenkenfrei, den Entscheidungsspielraum des Gerichts bei der Strafzumessung so stark einzuengen und zu binden[27].
– Eine einigermaßen sichere Rückfallprognose ist nicht möglich. Außerdem gibt es intensivere Rückfalltäter mit kurzen Rückfallintervallen („High-Rate Offenders") und weniger intensive Rezidivisten mit längeren Rückfallintervallen („Low-Rate Offenders"). Ein intensiverer Rückfalltäter verübt im Durchschnitt 18mal mehr Delikte als ein weniger intensiver Rezidivist. Beide sind aber kriminalprognostisch nicht voneinander zu unterscheiden. Da eine kriminelle Karriere im Durchschnitt nur etwa zehn Jahre dauert („Aging Out"), hält die „Three Strikes Legislation" Strafgefangene über ihre aktive kriminelle Lebensspanne hinaus in der Strafanstalt fest.
– Die renommierte „Rand Corporation" hat die Kosten der „Drei Schläge Gesetzgebung" für Kalifornien einmal durchgerechnet[28]. Die Verhütung von 340.000 schweren Verbrechen kostet 5,5 Milliarden USDollar jährlich oder 16.000 USDollar pro Verbrechen. Um diesen Betrag aufzubringen, müßten die Steuern im Durchschnitt um wenigstens 300 USDollar pro Jahr und Erwerbstätigen erhöht werden. Sollte das auf Schwierigkeiten stoßen, sind weitere drastische Kürzungen des bereits gekürzten Universitätsetats und des ebenfalls bereits gekürzten Etats zur Kontrolle der Umweltverschmutzung und zur Unterhaltung der kalifornischen Nationalparks erforderlich. Der Etat für die Universitäten muß – bei Aufrecht-

---

[25] *Joan Petersilia:* Probation in the United States. In: Michael Tonry (Hrsg.): Crime and Justice. Band 22. Chicago, London 1997, 149–200, bes. 188.

[26] *Don C. Gibbons:* aaO (Fn. 8), 1992, 24.

[27] *Sue Titus Reid:* Crime and Criminology. 8.Aufl. Madison/Wi., Dubuque, Guilford/CT, Chicago, Toronto, London u.a. 1996, 525.

[28] *Peter Greenwood/C. Peter Rydell/Allan F. Abrahamse/Jonathan P. Caulkins/James Chiesa/Karyn E. Model/Stephen P. Klein:* Estimated Benefits and Costs of California's New Mandatory-Sentencing Law. In: David Shichor/Dale K. Sechrest (Hrsg.): aaO. (Fn. 23), 1996, 53–89.

erhaltung der Gesetzgebung – in den nächsten acht Jahren um mehr als 40 % zurückgefahren werden. Die Ausgaben für die Strafanstalten haben sich in den achtziger Jahren bereits verdreifacht. Wenn die „Drei Schläge Gesetzgebung" bleibt, wird Kalifornien im Jahre 2002 mehr für seine Strafanstalten als für seine Universitäten ausgeben.

Schließlich kann man am Wert der Freiheitsstrafe allgemein Zweifel äußern:

Neue empirische Studien in schwedischen Strafanstalten[29] zeigen, daß die Strafgefangenen kriminelle Subkulturen bilden und daß sie in einem Prisonisierungsprozeß in noch intensivere kriminelle Rollen hineinsozialisiert werden (kriminelle Identifikation). Die Führer in solchen Strafanstalts-Subkulturen sind erfahrene Kriminelle mit langen Freiheitsstrafen. Die kriminelle Subkulturbildung und der Prisonisierungsprozeß sind im schwedischen Männer-, Frauen- und Jugendstrafvollzug beobachtet worden. Auch die deutschen sozialtherapeutischen Anstalten bilden keine Ausnahme[30]. Obgleich der schwedische Strafvollzug resozialisierungsorientiert ist und obwohl in schwedischen Strafanstalten zwischen Personal und Insassen ein Verhältnis von eins zu eins besteht, macht die Rückfallrate infolge Subkulturbildung und Prisonisierungsprozeß fünf bis zehn Jahre nach der Entlassung der Strafgefangenen 74 % aus[31]. Hierbei hat man nur schwere Delikte berücksichtigt.

B. Abolitionismus, Privatisierung und Reduktionismus

Die Erfolglosigkeit der Freiheitsstrafe hat dazu geführt, über ihre Abschaffung, über die Privatisierung des Strafvollzugs und über Einschränkungen der formellen strafrechtlichen Sozialkontrolle nachzudenken.

Der Abolitionismus[32] setzt sich für die Abschaffung des Strafvollzugs ein. Er argumentiert: Die „unproduktiven" Mitglieder der Gesellschaft würden in der Strafanstalt abgesondert, um sie vollends ohnmächtig zu machen. Die Strafanstalten sollten von der wirklichen Kriminalität, z. B. der Wirtschafts- und Umweltkriminalität, ablenken. Durch diese völlig inhumane Art und Weise, wie man soziale Konflikte löse, werde der Gesellschaft

---

[29] *Ulla V. Bondeson:* Prisoners in Prison Societies. New Brunswick, Oxford 1989.

[30] *Rüdiger Ortmann:* Die Nettobilanz einer Resozialisierung im Strafvollzug: Negativ? In: Helmut Kury (Hrsg.): Gesellschaftliche Umwälzung. Freiburg i.Br. 1992, 375–451.

[31] *Ulla Viveka Bondeson:* Socialization Processes in Prison Communities. In: United Nations Asia and Far East Institute for the Prevention of Crime and the Treatment of Offenders (Hrsg.): Resource Material Series No. 40. Fuchu/Tokyo 1991, 238–249, bes. 243.

[32] *Sebastian Scheerer:* Abolitionismus. In: Rudolf Sieverts/Hans Joachim Schneider (Hrsg.): Handwörterbuch der Kriminologie. 2.Aufl., Band 5. Berlin, New York 1991, 287–301.

kritische Selbstreflexion erspart[33]. Der Abolitionismus vermag das Kriminalitätsproblem nicht zu lösen. Denn mit friedenstiftenden Versöhnungsmechanismen allein kann der Schwer- und Rückfallkriminalität nicht begegnet werden.

Unter Privatisierung des Freiheitsstrafvollzugs versteht man die Finanzierung und/oder das Betreiben von Strafvollzugseinrichtungen durch private Organisationen, deren Aktivitäten gemeinnützig oder auf Gewinn ausgerichtet sein können[34]. In den USA sind weniger als 2 % der Strafanstalten, in Australien etwa 8 % privatisiert[35]. In Europa hat das Vereinigte Königreich eine führende Rolle bei der Privatisierung eingenommen. Ende der 80er und zu Beginn der 90er Jahre ist die Privatisierung des Freiheitsstrafvollzugs in den USA, aber auch in Europa[36] heftig diskutiert worden. Die Befürworter der Privatisierung machen geltend: Private Anstalten verursachten dem Steuerzahler geringere Kosten und sie seien effektiver als die staatlichen. Sie seien flexibler und schneller in ihren Entscheidungen. Der Bürger bekomme eine bessere und klarere Preis-Produkt-Information. Sie seien experimentierfreudiger und würden stärker kontrolliert, nämlich durch den Staat und seine Bürger sowie durch ihre Wettbewerber. Die Privatisierung, die für einzelne Strafvollzugsfunktionen sinnvoll sein kann, ist für das gesamte Strafvollzugssystem nicht zu empfehlen. Denn die Bestrafung seiner Bürger ist eine der ureigensten Aufgaben des Staates[37]. Mit der Privatisierung wächst die Gefahr einer ständigen Ausweitung des Freiheitsstrafvollzugs. Empirische Untersuchungen sind bisher nicht zu dem Ergebnis gekommen, daß private Strafanstalten staatlichen in irgendeiner Hinsicht überlegen sind[38]. An den Mängeln des Freiheitsstrafvollzugs, nämlich an der Subkulturbildung und dem Prisonisierungsprozeß, vermag auch die Privatisierung nichts zu ändern.

---

[33] *Thomas Mathiesen:* The Politics of Abolition. Oslo, London 1974.

[34] *Charles H. Logan:* Private Prisons. New York, London 1990.

[35] *Kristel Beyens/Sonja Snacken:* Prison Privatization: An International Perspective. In: Roger Matthews/Peter Francis (Hrsg.): Prisons 2000. An International Perspective on the Current State and Future of Imprisonment. London, New York 1996, 240–265.

[36] Council of Europe (Hrsg.): Privatisation of Crime Control. Strasbourg 1990; *Heike Jung:* Paradigmawechsel im Strafvollzug? Eine Problemskizze zur Privatisierung der Gefängnisse. In: Günther Kaiser/Helmut Kury/Hans-Jörg Albrecht (Hrsg.): Kriminologische Forschung in den 80er Jahren. Projektberichte aus der Bundesrepublik Deutschland. Band 1. Freiburg i.Br. 1988, 377–388.

[37] *John J. DiIulio:* The Duty to Govern: A Critical Perspective on the Private Management of Prisons and Jails. In: Douglas C. McDonald (Hrsg.): Private Prisons and the Public Interest. New Brunswick, London 1990, 155–178; vgl. auch *Alexis M. Durham:* The Future of Correctional Privatization: Lessons from the Past. In: Gary W. Bowman/Simon Hakim/Paul Seidenstat (Hrsg.): Privatizing Correctional Institutions. New Brunswick, London 1993, 33–49.

[38] *David Shichor:* Punishment for Profit. Private Prisons/Public Concerns. Thousand Oaks, London, New Delhi 1995, 231.

Der Reduktionismus, die „Tue-Weniger" Philosophie, strebt Einschränkungen der formellen strafrechtlichen Sozialkontrolle an. Ein Beispiel aus
Schweden[39] soll den Reduktionismus verdeutlichen. Dort hat man die folgenden drei Verurteilungsformen miteinander verglichen:
– Von der bedingten Verurteilung ohne Überwachung werden Straftäter erfaßt, die keine Vorstrafen haben, die in geordneten familiären und be-
ruflichen Verhältnissen leben und die Vermögensdelikte geringerer bis
mittlerer Schwere verübt haben.
– Strafaussetzung zur Bewährung (mit Aufsicht) erhalten Probanden
mit einigen Vorstrafen und einem ungeordneten Lebensstil.
– Bewährungshilfe mit vorheriger institutioneller Behandlung von wenigstens einem Monat bis zu zwei Monaten Länge ist für Rechtsbrecher
vorgesehen, die eine beachtliche Vorstrafenliste besitzen, die einen kriminellen Lebensstil führen und die schwere Delikte begangen haben.
Die Rückfalldaten lauteten für bedingte Verurteilung ohne Überwachung 12 %, für Strafaussetzung zur Bewährung (mit Aufsicht) 30 %
und für Bewährungshilfe mit vorheriger institutioneller Behandlung 61 %.
Auf der Basis dieser Rückfalldaten entwickelte man die kriminalpolitische
Theorie der geringstmöglichen Intervention („Theory of Least Possible Intervention"), die die Behauptung aufstellt: Je weniger wir mit dem Straftäter tun, desto besser ist das Ergebnis. Aufgrund dieser Theorie wird gefor-
dert, die bedingte Verurteilung ohne Überwachung und die Strafaussetzung
zur Bewährung auszuweiten und die Bewährungshilfe mit vorheriger institutioneller Behandlung abzuschaffen. Diese Theorie übersieht allerdings,
daß die Population für die bedingte Verurteilung ohne Überwachung sehr
begrenzt ist. Sie berücksichtigt weiterhin zu wenig, daß sich die Rückfalldaten der Probanden der Strafaussetzung zur Bewährung (mit Aufsicht)
erhöhen werden, wenn die Straftäter, die bisher Bewährungshilfe mit vorheriger institutioneller Behandlung erhalten haben, der Bewährungshilfe-
Gruppe hinzugefügt werden.

C. Strafaussetzung zur Bewährung und mittlere Sanktionen

Trotz ihrer schädlichen Wirkungen ist die Freiheitsstrafe gegenwärtig
noch weltweit das Rückgrat des Strafensystems[40]. Die Kritik an ihr wächst
indessen, und man ist global auf der Suche nach Alternativen[41]. Eine der Alternativen ist Strafaussetzung zur Bewährung, die in den USA wie in der

---

[39] *Ulla V. Bondeson:* Alternatives to Imprisonment. Boulder, San Francisco, Oxford
1994.
[40] *Hans-Heinrich Jescheck/Thomas Weigend:* aaO. (Fn. 6), 1996, 765.
[41] *Matti Joutsen/Ugljesa Zvekic:* Noncustodial Sanctions: Comparative Overview.
In: Ugljesa Zvekic (Hrsg.): Alternatives to Imprisonment in Comparative Perspective.
Chicago 1994, 1–42.

Bundesrepublik häufig angewandt wird. Während in den USA drei Viertel der Verurteilten von der Bewährungshilfe betreut werden, erhält sie ein Zehntel der finanziellen Mittel[42]. Gegen das Konzept der Strafaussetzung zur Bewährung ist grundsätzlich nichts einzuwenden. Seine Verwirklichung ist allerdings mangelhaft. Erfolgreiche Bewährungshilfe-Programmme bestehen in einer Kombination von Überwachung mit Hilfe und Beratung. Nicht zuletzt wegen der hohen Kosten für die Strafanstalten leidet die Bewährungshilfe an Personal- und Finanzmangel, so daß die Fallbelastung („Case-load") pro Bewährungshelfer zu groß wird. Eine Klassifikation in Probanden mit geringem, mittlerem oder hohem Rückfallrisiko mildert zwar das Problem. Eine erfolgreiche Bewährungshilfe ist gleichwohl kostenintensiv. Dennoch darf man an die Bewährungshilfe keine allzu großen Erwartungen stellen. Selbst wenn sie personell und finanziell gut ausgestattet ist, vermag sie den Rückfall um höchstens 10 % bis 20 % zu senken[43]. In Japan[44] wie in Schweden[45] hat sich freilich der Einsatz freiwilliger Bewährungshelfer mit einer Fallbelastung von einem Probanden oder von zwei Probanden günstig ausgewirkt. Die Laien-Bewährungs-Helfer sind dem Probanden vertrauter; sie stehen zu ihm in keinem Über-Unterordnungs-Verhältnis, und ihnen haftet das Odium des staatlichen Strafens nicht an. Man hat den Vorschlag gemacht, den Laien-Bewährungs-Helfern die Hilfe und Beratung und den professionellen Bewährungs-Helfern die Beaufsichtigung zu überlassen, damit kein Rollenkonflikt beim einzelnen Bewährungshelfer entsteht.

In den achtziger Jahren arbeitete man heraus, daß viele Verurteilungen die Verhältnismäßigkeit der Schwere der Tat nicht berücksichtigten. Im Kontinuum der Sanktionen fehlten die mittleren Strafen, die Zwischensanktionen („Intermediate Sanctions")[46]. Die Freiheitsstrafe war häufig eine zu strenge, die Strafaussetzung zur Bewährung eine zu milde Reaktion. Große Hoffnungen setzte man auf Alternativen zur Freiheitsstrafe, auf die auf die Gemeinschaft gegründete Behandlung: z. B. auf Straflager, auf Intensivkontrolle, auf Hausarrest mit elektronischer Überwachung und auf gemeinnützige Arbeit. Man strebte eine weitere und effektivere Variationsbreite möglicher Sanktionen an und erhoffte sich davon eine Ver-

---

[42] *Todd R. Clear/Anthony A. Braga:* Community Corrections. In: James Q. Wilson/ Joan Petersilia (Hrsg.): Crime. San Francisco/Cal. 1995, 421–444, bes. 423.

[43] *Joan Petersilia:* Probation in the United States. In: Michael Tonry (Hrsg.): Crime and Justice. Band 22. Chicago, London 1997, 149–200, bes. 182/183.

[44] *Minoru Shikita/Shinichi Tsuchiya:* Crime and Criminal Policy in Japan. New York, Berlin, Heidelberg, London, Paris, Tokyo u. a. 1992, 205.

[45] *Ulla V. Bondeson:* aaO. (Fn. 39), 1994, 222/223.

[46] *Norval Morris/Michael Tonry:* Between Prison and Probation. Intermediate Punishments in a Rational Sentencing System. New York, Oxford 1990.

minderung der Rückfallrate, eine Kostenersparnis, eine Entlastung des Freiheitsstrafvollzugs und eine Verbesserung des Schutzes der Bürger. Nach fünfzehn Jahren Erfahrung sind die Ergebnisse der Evaluationsforschung ernüchternd und entmutigend. Die meisten mittleren Sanktionen reduzieren den Rückfall nicht; sie führen zu keiner Kostenersparnis, und sie entlasten den Freiheitsstrafvollzug keineswegs[47]. Wenn man die hohen Erwartungen mäßigt, haben die mittleren Sanktionen gleichwohl eine Zukunft für einen relativ kleinen Teil spezieller Rechtsbrecher:

– Seit den 80er Jahren erfreuen sich Straflager, sogenannte „Stiefellager" („Boot Camps"), in den USA einer großen Popularität[48]. Sie werden „Schock-Einsperrung" genannt und setzen auf militärischen Drill und harte körperliche Arbeit. Die Insassen sollen Selbstdisziplin und gute Arbeitsgewohnheiten lernen. Die Straflager, die inzwischen in dreißig Staaten und im Bundes-Kriminaljustiz-System eingeführt worden sind, schrecken nicht ab und resozialisieren nicht. Wie andere Konfrontations-Sanktionen reduzieren sie die Kosten nicht, und sie führen auch zu keiner Entlastung des Freiheitsstrafvollzugs. Sie befriedigen lediglich das Strafbedürfnis der Bürger.

– Bei der Intensiv-Kontrolle beaufsichtigen zwei Bewährungshelfer fünfundzwanzig Probanden. Sie begegnen ihnen mindestens fünfmal in der Woche persönlich. Da die Intensiv-Kontrolle keine höheren Rückfallraten als die Freiheitsstrafe zur Folge hat, aber kostensparender als sie ist, sieht man sie als Alternative zur Freiheitsstrafe für Rechtsbrecher an, die ein niedriges Rückfallrisiko haben. Intensiv-Kontrolle hat sich insbesondere in Verbindung mit kognitiver Verhaltenstherapie[49] für Drogen- und Alkoholsüchtige bewährt. Sie führt zu einer Reduzierung der Rückfallraten[50].

– Hausarrest mit elektronischer Überwachung[51], auch häusliche Haft oder Wohnungshaft („Home Confinement") genannt, erlaubt es Straftätern, ihrem Beruf weiterhin nachzugehen und ihre Ausbildung fortzusetzen. Der Hausarrest wird auf Freizeit und Ruhezeit begrenzt. Mitunter

---

[47] *Michael Tonry:* Sentencing Matters. New York, Oxford 1996, 104; *Francis T. Cullen/John Paul Wright/Brandon K. Applegate:* Control in the Community. In: Alan T. Harland (Hrsg.): Choosing Correctional Options That Work. Thousand Oaks, London, New Delhi 1996, 69–116.

[48] *Doris Layton MacKenzie/Dale G. Parent:* Boot Camp Prisons for Young Offenders. In: James M. Byrne/Arthur J. Lurigio/Joan Petersilia (Hrsg.): Smart Sentencing. The Emergence of Intermediate Sanctions. Newbury Park, London, New Delhi 1992, 103–119.

[49] *Todd R. Clear/Anthony A. Braga:* aaO. (Fn. 42), 1995, 438.

[50] *Joan Petersilia/Susan Turner:* Intensive Probation and Parole. In: Michael Tonry (Hrsg.): Crime and Justice. Band 17. Chicago, London 1993, 281–335, bes. 321.

[51] *Marc Renzema:* Home Confinement Programs: Development, Implementation, and Impact. In: James M. Byrne/Arthur J. Lurigio/Joan Petersilia (Hrsg.): aaO. (Fn. 48), 1992, 41–53.

wird Hausarrest auch als Ersatz für Untersuchungshaft angewandt. Die Kosten des Hausarrests trägt der Verurteilte. Die elektronische Überwachung hat die Wahrnehmung vieler Verletzungen der gerichtlichen Auflagen und Weisungen zur Folge. Die technische Apparatur ist nicht tolerant. Bei Verkehrsstraftätern, z. B. bei Verurteilten wegen Alkohol am Steuer, und bei Rechtsbrechern, die leichtere Vermögensdelikte begangen haben, wurde eine Rückfallrate von 3,3 % bis 5 % ermittelt[52]. Da sich Hausarrest mit elektronischer Überwachung indessen nur für Rechtsbrecher mit geringem Rückfallrisiko eignet, kann er als eigenständige Sanktionsform in der Strafrechts-Praxis nur eine untergeordnete Rolle spielen.

– Bei der gemeinnützigen Arbeit erbringen Straftäter unentgeltliche Leistungen für gemeinnützige Institutionen des Umweltschutzes, für Krankenhäuser und Altenheime. Solche Arbeiten würden sonst nicht getan. In England, Schottland und in den Niederlanden wird gemeinnützige Arbeit, die in der Bevölkerung auf große Akzeptanz stößt, in hohem Maße als Alternative zur kurzen Freiheitsstrafe verhängt[53]. Gemeinnützige Arbeit, die an Wochenenden oder im Urlaub ausgeführt werden kann, eignet sich nicht für arbeitsunfähige oder -unwillige Rechtsbrecher, für Straftäter mit Drogen- und Alkoholproblemen. Ihre Effektivität hängt von einer guten Beaufsichtigung ab. Da ihre Rückfallraten nicht höher als bei der kurzen Freiheitsstrafe sind, sollte gemeinnützige Arbeit in Deutschland als Alternative zur kurzen Freiheitsstrafe eingeführt werden. Denn ein Drittel aller Freiheitsstrafen dauert in der Bundesrepublik weniger als sechs Monate[54]. Im internationalen Vergleich liegt Deutschland mit seinen Gefangenenzahlen im oberen Mittelfeld[55], so daß sich eine Reduzierung der Freiheitsstrafe durchaus noch empfiehlt.

IV. Kriminalpolitik der Jugenddelinquenz

Die Kapitalverbrechen Jugendlicher und Heranwachsender nehmen zu[56]. Dieser Umstand hat zu den Vorschlägen geführt, das Alter für die volle Erwachsenen-Verantwortlichkeit zu senken, die Eltern für das kriminelle Fehlverhalten ihrer Kinder verantwortlich zu machen und auf Straftaten Heranwachsender grundsätzlich Erwachsenenstrafrecht anzuwenden[57]. In

---

[52] *Todd R. Clear/Anthony A. Braga:* aaO. (Fn. 42), 435.

[53] *Michael Tonry/Mary Lynch:* Intermediate Sanctions. In: Michael Tonry (Hrsg.): Crime and Justice. Band 20. Chicago, London 1996, 99–144, bes. 125/126.

[54] *Hans-Heinrich Jescheck/Thomas Weigend:* aaO. (Fn. 6), 1996, 745.

[55] Council of Europe: aaO. (Fn. 5), 1994/1995, 77.

[56] *Peter W. Greenwood:* Juvenile Crime and Juvenile Justice. In: James Q. Wilson/Joan Petersilia (Hrsg.): Crime. San Francisco/Cal. 1995, 91–117, bes. 96.

[57] Entschließung des Bundesrates vom 26. September 1997 zur Stärkung der Inneren Sicherheit. Bundesrats-Drucksache 580/97.

den USA haben viele Einzelstaaten bereits die Konsequenzen aus der Entwicklung gezogen. Sie haben die Aburteilung bestimmter schwerer Delikte der Jugendgerichtsbarkeit weggenommen. Sie haben die Überweisung jugendlicher Schwerverbrecher an die Erwachsenengerichte und in den Erwachsenenstrafvollzug erleichtert[58]. Die Hälfte der Staaten hat Gesetze erlassen, die die Eltern für das kriminelle Fehlverhalten ihrer Kinder verantwortlich machen und die sie zwingen, an Elternberatungs- und -erziehungs-Programmen teilzunehmen[59]. Drei verschiedene kriminalpolitische Richtungen stehen sich gegenüber:

– Die eine äußert die Meinung, jugendlichen Straftätern würden unter dem Vorwand ihrer Erziehungsbedürftigkeit vor dem Jugendgericht ihre Verfassungs- und Verfahrensrechte vorenthalten. Sie will das Jugendgericht formalisieren, „kriminalisieren" und auf diese Weise abschaffen. Jugendliche Straftäter sollen vor einem Erwachsenengericht angeklagt werden, das mit bestimmten strafrechtlichen und strafverfahrensrechtlichen Modifikationen ausgestattet werden soll[60].

– Eine zweite Richtung verfolgt einen „Gabelungs-Ansatz"[61]. Sie unterscheidet zwischen delinquenten Jugendlichen und gefährlichen jugendlichen Schwerverbrechern. Die delinquenten Jugendlichen sollen vor dem Jugendgericht und im Jugendstrafvollzug bleiben. Die gefährlichen jugendlichen Gewalt- und Wiederholungs-Täter sollen von Erwachsenengerichten zu härteren und längeren Strafen im Erwachsenenstrafvollzug verurteilt werden.

– Eine dritte Richtung befürwortet die Weiterentwicklung des Jugendgerichts zum Familiengericht[62], das nicht nur Straftaten Jugendlicher, sondern auch Delikte an Frauen und Kindern aburteilen soll, die in der Familie begangen werden. Das Familiengericht soll weniger Kriminalgericht als vielmehr ein Gericht sein, das die Bedingungen überwacht, unter denen Kinder und Jugendliche aufwachsen. Das Ideal der Selbstverwirklichung hat die Familie als soziale Institution geschwächt. Es ist die Idee dieser Richtung, die informelle Kontrolle der Familie durch das Familiengericht zu stärken. Die Familie ist eine wichtige soziale Institution, in die der Staat

---

[58] *Simon I. Singer:* Recriminalizing Delinquency: Violent Juvenile Crimes and Juvenile Justice Reform. New York 1996.

[59] *Mark H. Moore/Stewart Wakeling:* Juvenile Justice: Shoring Up the Foundations. In: Michael Tonry (Hrsg.): Crime and Justice. Band 22. Chicago, London 1997, 253–302, bes. 274.

[60] *Barry C. Feld:* Criminalizing the American Juvenile Court. In: Michael Tonry (Hrsg.): Crime and Justice. Band 17. Chicago, London 1993, 197–280.

[61] *Michael F. Aloisi:* Emerging Trends and Issues in Juvenile Justice. In: Clayton A. Hartjen/Edward E. Rhine (Hrsg.): Correctional Theory and Practice. Chicago 1992, 235–252, bes. 243.

[62] *Mark H. Moore/Stewart Wakeling:* aaO. (Fn. 59), 1997, 253–301.

eingreifen darf und in die er – wenn nötig – eingreifen muß. Frauen und Kinder dürfen als Opfer nicht alleingelassen werden. Die Kindererziehung ist nicht nur eine Elternverpflichtung, sondern auch eine öffentliche Aufgabe. Eltern und Erzieher sind der Gesellschaft verantwortlich; sie sind nicht völlig autonom. Die Gesellschaft hat die Pflicht, darauf zu achten, daß *ihre* Kinder ein Minimum an Pflege, Aufsicht und Erziehung erhalten. Finanzielle Unterstützung allein genügt nicht.

Mit dieser dritten Richtung hängt ein Konzept des Jugendstrafvollzugs zusammen, das in den Staaten Massachusetts und Utah verwirklicht worden ist und dem sich immer mehr Staaten anschließen[63]. Anfang der 70er Jahre hat man in Massachusetts alle großen Jugendinstitutionen geschlossen[64]. Man arbeitet mit wenigen kleinen Hochsicherheits-Einrichtungen für gewalttätige jugendliche Mehrfach- und Rückfalltäter und mit einem breiten Spektrum hochstrukturierter, auf die Gemeinschaft gegründeter Betreuungs- und Wohnprogramme. Zu diesen Programmen gehören z. B. Gruppenwohnheime, Pflegefamilien, Tagesbetreuungsstätten, Wildnislager und Jugendfarmen. Eine Evaluationsforschung hat nach fünfzehnjähriger Erfahrung gezeigt, daß Massachusetts zu den Staaten mit den niedrigsten Rückfallraten bei jugendlichen Delinquenten gehört[65], die anscheinend durch die Jugendstrafanstalten besonders negativ beeinflußt werden.

V. Der Streit um die Behandlung

A. Resozialisierungs-Euphorie und·Trainings-Modell

1. Behandlungs-Ideologie und Justizmodell

Nach dem 2. Weltkrieg herrschte in der Kriminalpolitik der westlichen Welt das Resozialisierungs-, das Behandlungs-Modell vor. Es befürwortete Interventions-Methoden, z. B. Berufsausbildung, Freizeiterziehung, Gruppentherapie, um den Rückfall zu vermeiden. In der Strafanstalt versuchte man, ein Behandlungsklima zu schaffen. Behandlungserfolge wollte man unter sozialem Druck erzielen. Mitte der 70er Jahre geriet dieses Resozialisierungs-Modell in die Krise. Eine umfassende Evaluationsforschung[66] hatte nämlich herausgefunden, daß Resozialisierungs-Programme keine Wirkung auf die Rückfälligkeit haben. Zwar hatte man Behandlungs-Programme mit

---

[63] *Barry Krisberg/James F. Austin:* Reinventing Juvenile Justice. Newbury Park, London, New Delhi 1993.

[64] *Jerome G. Miller:* Last One Over the Wall. The Massachusetts Experiment in Closing Reform Schools. Columbus/Ohio 1991.

[65] *Barry Krisberg/James F. Austin/P. Steele:* Unlocking Juvenile Corrections. San Francisco 1991.

[66] *Douglas Lipton/Robert Martinson/Judith Wilks:* The Effectiveness of Correctional Treatment. New York, Washington D.C., London 1975.

verschiedenen Therapie-Methoden und Begleitforschungen unterschied-
licher methodischer Exaktheit untersucht. Zwei Forscherteams der „Natio-
nalen Akademie der Wissenschaften" in Washington D.C.[67] bestätigten
gleichwohl das erzielte Ergebnis. Das medizinische Modell wurde abgelehnt.
Es hatte die Kriminalitätsursache auf Persönlichkeits-Abnormitäten zurückgeführt und eine Heilung mit medizinischen, speziell psychiatrischen Methoden, empfohlen. Statt dessen entwickelte man das Justizmodell, das es in
erster Linie auf die Einhaltung der Verfassungs- und Menschenrechte abstellt,
das aber auch eine Behandlung des Rechtsbrechers keineswegs ausschließt.
Nach diesem Modell gilt der Grundsatz: Nur der kann rechtmäßiges Verhalten wirkungsvoll lernen, dessen Rechte strikt eingehalten werden. Straftäter-
Behandlung soll freiwillig sein und der Humanisierung des Strafvollzugs dienen. Zwangsbehandlung und -heilung zur Rückfallverminderung sind
ebenso unerwünscht wie eine Rückkehr zum Vergeltungsstrafvollzug.

2. Das differentielle Behandlungsmodell (Trainings-Modell)

In den neunziger Jahren ist man in den USA keineswegs zum Resoziali-
sierungs- und Behandlungs-Modell zurückgekehrt. Zwar war der Slogan:
Alles nützt nichts! eine Übertreibung. Sie war aber nicht allzu groß[68]. Neu-
ere Meta-Analysen haben lediglich eine mäßige Rückfall-Verminderung
durch Behandlung festgestellt. Wenn man alle Behandlungsprogramme
berücksichtigt, so liegt die Rückfallverminderung bei 10 % bis 12 %[69].
Nimmt man nur die erfolgreichen Resozialisierungsprojekte, so steigt die
Rückfallreduzierung auf bescheidene 17 % bis 22 %[70]. Wesentlicher als dieses Forschungsergebnis ist freilich die Tatsache, daß man gelernt hat, zwischen erfolgloseren und erfolgreicheren Behandlungsprogrammen zu
unterscheiden. Erfolgloser sind Psychotherapie, Einzel- und Gruppentherapie; erfolgreicher sind soziale Lernprogramme: z. B. kognitives Verhal-

---

[67] *Lee Sechrest/Susan O. White/Elizabeth D. Brown:* aaO. (Fn. 10), 1979; *Susan E.
Martin/Lee B. Sechrest/Robin Redner:* New Directions in the Rehabilitation of Criminal
Offenders. Washington D.C. 1981.

[68] *David F. Greenberg:* The Correctional Effects of Corrections: A Survey of Evalua-
tions. In: David F. Greenberg (Hrsg.): Corrections and Punishment. Beverly Hills,
London 1977, 111–148, bes. 141.

[69] *Ted Palmer:* The Re-Emergence of Correctional Intervention. Newbury Park,
London, New Delhi 1992, 158; vgl. auch *Mark W. Lipsey:* Juvenile Delinquency Treat-
ment: A Meta-Analytic Inquiry into the Variability of Effects. In: Thomas D. Cook/
Harris Cooper/David S. Cordray/Heidi Hartmann/Larry V. Hedges/Richard J.
Light/Thomas A. Louis/Frederick Mosteller (Hrsg.): Meta-Analysis for Explanation.
New York 1992, 83–127; *Lipsey:* The Effect of Treatment on Juvenile Delinquents:
Results from Meta-Analysis. In: Friedrich Lösel/Doris Bender/Thomas Bliesener
(Hrsg.): Psychology and Law. Berlin, New York 1992, 131–143.

[70] *Ted Palmer:* A Profile of Correctional Effectiveness and New Directions for
Research. Albany/N.Y. 1994, 45.

tenstraining und die Entwicklung von Interaktionsfähigkeiten[71]. Psychotherapie ist deshalb erfolgloser, weil sie die Straffälligkeit auf frühkindliche Traumen zurückführt, für die sich der Rechtsbrecher nicht verantwortlich fühlt und die er allzu leicht zur Rechtfertigung seiner Tat verwenden kann. Lernprogramme sind deshalb erfolgreicher, weil sie die Kriminalität mit fehlerhaftem sozialen Lernen erklären und den Täter für seine Tat, für seine Behandlung und für seinen Rückfall für voll verantwortlich ansehen.

Nach der älteren psychiatrisch orientierten Kriminologie beruhte der sexuelle Mißbrauch an Kindern z. B. auf einer Persönlichkeits-Anomalie, die man für heilbar hielt. Dieses psychiatrische Modell hat sich als völliger Fehlschlag erwiesen[72]. Es war auch falsch, daß man die Rückfälligkeit pädophiler Rechtsbrecher für niedrig ansah[73]. Hierbei berücksichtigte man nicht das enorme Dunkelfeld pädosexueller Handlungen. Pädophile Straftäter gaben indessen an, daß sie durchschnittlich zwei- bis fünfmal mehr pädosexuelle Straftaten verüben als polizeilich registriert werden[74]. Sexualkriminalität ist keine „Krankheit". Das Krankheitsmodell, das noch viel zu viele Behandlungsprogramme beherrscht, muß als überholt angesehen werden, weil es von falschen Voraussetzungen ausgeht. Sexualstraftäter leiden an keiner Krankheit, und ihr Verhalten befindet sich nicht außerhalb ihrer Kontrolle, wie es das medizinische Modell annimmt. Behandlung muß als Training, als Erziehung und nicht als „Therapie" verstanden werden; sie besteht in keiner „Heilung"[75]. Die Interventionsbedürfnisse jedes Sexualstraftäters, die auf den konkreten Ursachen seiner Tat beruhen, müssen zunächst ermittelt werden, und sie müssen die Grundlage seiner Behandlung bilden. Als Behandlungsmethode hat sich hierbei das kognitive Verhaltenstraining am erfolgreichsten erwiesen[76].

---

[71] *Ted Palmer:* Programmatic and Nonprogrammatic Aspects of Successful Intervention. In: Alan T. Harland (Hrsg.): aaO. (Fn. 47), 1996, 131–182.

[72] *Lita Furby/Mark R. Weinrott/Lyn Blackshaw:* Sex Offender Recidivism: A Review. In: Psychological Bulletin. 105 (1989), 3–30.

[73] *Benjamin Karpman:* The Sexual Offender and his Offences. New York 1954, 277/8; *Donald J. West:* Sex Offenses and Offending. In: Michael Tonry/Norval Morris (Hrsg.): Crime and Justice. Band 5. Chicago, London 1983, 183–233, bes. 195/6.

[74] *Mark R. Weinrott/Maureen Saylor:* Self-Report of Crimes Committed by Sex Offenders. In: Journal of Interpersonal Violence. 6 (1991), 286–300; *A. Nicholas Groth/Robert E. Longo/J. Bradley McFadin:* Undetected Recidivism among Rapists and Child Molesters. In: Crime and Delinquency. 28 (1982), 450–458.

[75] *W. L. Marshall/D. R. Laws/H. E. Barbaree:* Present Status and Future Directions. In: W.L. Marshall/D.R. Laws/H.E. Barbaree (Hrsg.): Handbook of Sexual Assault. New York, London 1990, 389–395, bes. 390/391.

[76] *D.A. Andrews/Ivan Zinger/Robert D. Hoge/James Bonta/Paul Gendreau/Francis T. Cullen:* Does Correctional Treatment Work? A Clinically Relevant and Psychologically Informed Meta-Analysis. In: Criminology. 28 (1990), 369–404; vgl. auch *Steven P. Lab/John T. Whitehead:* From "Nothing Works" to "the Appropriate Works": the Latest Stop on the Search for the Secular Grail. In: Criminology. 28 (1990), 405–417.

B. Kontrolle von Sexualdelikten

1. Gesetzentwürfe

Sexueller Mißbrauch an Kindern ist durch zahlreiche spektakuläre Sexualmorde an Kindern, die die Massenmedien dramatisiert haben, zu einem aktuellen Problem geworden, zu dem Gesetzentwürfe vorliegen[77], die zahlreiche Vorschläge machen[78]. Die Empfehlungen der Entwürfe können im wesentlichen – wie folgt – zusammengefaßt werden: Die Möglichkeiten der Therapie von Sexualstraftätern ohne deren Einwilligung sollen während des Strafvollzugs, bei Strafaussetzung und Strafrestaussetzung zur Bewährung sowie bei Führungsaufsicht erweitert werden. Dem Sicherheitsinteresse der Allgemeinheit soll bei der Entscheidung über die Strafrestaussetzung zur Bewährung in höherem Maße Rechnung getragen werden. Im Rahmen der Aussetzung von Freiheitsstrafen soll die Einholung von Kriminalprognose-Gutachten bei besonders rückfallgefährdeten Sexualrechtsbrechern obligatorisch werden. Bei Verurteilung von mehr als zwei Jahren Freiheitsstrafe sollen behandlungsfähige und -bedürftige Sexualstraftäter in sozialtherapeutische Einrichtungen verlegt werden. Bereits nach ihrem ersten Rückfall können einschlägig rückfällige Sexualstraftäter Sicherungsverwahrung erhalten, wenn sie Taten von erheblicher Schwere begangen haben.

Die Vorschläge der Entwürfe geben zu einigen Bedenken Anlaß:

– Sie beruhen auf einer öffentlichen Expertenanhörung vor dem Rechtsausschuß des Deutschen Bundestags[79], die noch weitgehend dem Krankheitsmodell („Persönlichkeitsstörung") folgt und die vorwiegend medizinische, vor allem psychiatrische Behandlungsmethoden empfiehlt. Sexualstraftäter kann man nicht als Menschen beurteilen, die „unter einer minderwertigen Krankheit leiden"[80]. Es handelt sich vielmehr um Menschen, die verhängnisvolle Fehler begangen haben, die Mitmenschen schwer psychisch verletzen und für die sie voll verantwortlich sind[81].

---

[77] Gesetzentwurf der Fraktionen der CDU/CSU und F.D.P. vom 11. 03. 1997, Deutscher Bundestag, Drucksache 13/7163; Gesetzentwurf der Bundesregierung vom 14. 03. 1997, Bundesrats-Drucksache 163/97; Gesetzentwurf des Bundesrates vom 14. 03. 1997, Bundesrats-Drucksache 876/96; Gesetzentwurf des Bundesrates vom 28. 04. 1997, Deutscher Bundestag, Drucksache 13/7559.

[78] Vgl. den Überblick über die verschiedenen Entwürfe bei *Hero Schall/Marcus Schreibauer:* Prognose und Rückfall bei Sexualstraftätern. In: Neue Juristische Wochenschrift. 1997, 2412–2420.

[79] Vgl. Möglichkeiten und Strategien für einen verbesserten Schutz vor rückfälligen Sexualstraftätern. Protokoll der 59. Sitzung des Rechtsausschusses des Deutschen Bundestages vom 9. Oktober 1996 in der 13. Wahlperiode.

[80] So aber *Norbert Leygraf* in Protokoll (Fn. 79), 1996, 30.

[81] *Michael Novak:* Character and Crime. Notre Dame/Indiana 1986, 94.

– Viele Sexualstraftäter leugnen oder rechtfertigen ihr kriminelles Verhalten, um es beizubehalten[82]. Sie streiten ab, überhaupt ein Delikt verübt zu haben, selbst wenn sie rechtskräftig verurteilt worden sind. Es ist äußerst schwierig, pädosexuelle Rechtsbrecher zur Behandlung zu motivieren. Zwangsbehandlung ist weder psychisch wirksam noch rechtsstaatlich bedenkenfrei.

– Eine sichere Rückfallprognose-Methode zur Entdeckung rückfallgefährdeter Sexualstraftäter konnte bis heute nicht entwickelt werden[83]. Statistisch-kriminologische Rückfallprognosen sind klinisch-psychiatrischen an Treffsicherheit überlegen[84]. Erfahrungswissenschaftliche Methoden bilden lediglich Hilfsmittel, die die Prognose-Entscheidung auf ein möglichst breites und nach objektiven sozialwissenschaftlichen Methoden ermitteltes Erfahrungsgut stützen, das Für und Wider der Entscheidung offenlegen und die Entscheidung kontrollierbar machen. Das Eigenrecht normativer Bewertung durch das Gericht bleibt hierbei unberührt. Nur intuitive Menschenkenntnis und Berufserfahrung der Richter genügen für eine Kriminalprognose-Entscheidung nicht.

– Es ist eine Fehlvorstellung, einen Sexualstraftäter durch Psychotherapie heilen zu wollen. Er muß vielmehr seinen Rückfall in einem Selbststeuerungs-Prozeß verhindern, den er erlernen muß.

– Die sozialtherapeutischen Anstalten sind bereits jetzt überlastet[85], und sie haben bisher kein tragfähiges Therapiekonzept entwickeln können.

2. Kognitives Verhaltens-Training

Sexualstraftäter haben nicht nur sexuelle, sondern häufig auch emotionale und Kontakt-Probleme. Sie haben ihre sexuelle Deviation in pädophilen Sexualphantasien gelernt, bei denen Sexualität mit Kindern mit sexueller Erregung (Masturbation) verbunden wird[86]. In ihren Phantasien befassen sie sich freilich auch mit Aggressionen und Wünschen nach Domination, Demütigung und Erniedrigung. Pädosexuelle Straftäter glauben an kognitive Verzerrungen und Verdrehungen, die sexuelles Verhalten mit Kindern rechtfertigen. Ihre Impulskontrolle ist mitunter mangelhaft. Sie haben oft unzureichende soziale Fähigkeiten, insbesondere Kontaktpro-

---

[82] *Curt R. Bartol:* Criminal Behavior. 4.Aufl. Englewood Cliffs/N.J. 1995, 316.

[83] *Hans Joachim Schneider:* Kriminologie. Berlin, New York 1987, 308–327 m.w.N.

[84] *Daniel Glaser:* Classification for Risk. In: Don M. Gottfredson/Michael Tonry (Hrsg.): Prediction and Classification – Criminal Justice Decision Making. Crime and Justice. Band 9. Chicago, London 1987, 249–291, bes. 265.

[85] Stellungnahme des Bundesrates. Bundesrats-Drucksache 163/97.

[86] *Gordon C. Nagayama Hall/Richard Hirschman:* Sexual Aggression Against Children. In: Criminal Justice and Behavior. 19 (1992), 8–23.

bleme (Interaktionsstörungen) mit erwachsenen Frauen. Es mangelt ihnen regelmäßig an Einfühlungsvermögen in ihre kindlichen Opfer. Ihr niedriges männliches Selbstwertgefühl und ihre schwache Selbstbehauptungsfähigkeit versuchen sie durch männliche Domination auszugleichen.

Das kognitive Verhaltenstraining ist die modernste und die in den USA am meisten angewandte Behandlungsart bei pädophilen Sexualstraftätern. Sie ist ein mehrstufiger Verhaltens-Änderungs- und Erhaltungs-Prozeß, der sich aus drei verschiedenenen Interventionsformen zusammensetzt.

Mit dem Verhaltenstraining versucht man, deviante sexuelle Vorlieben auszulöschen (verlernen zu lassen) und sozialadäquate Muster sexueller Erregung aufzubauen. Bei der Aversionstherapie wird z. B. eine deviante sexuelle Stimulation in Dias, Bildern, Filmen und Geschichten mit aversiven Konsequenzen, z. B. ekelerregendem Geruch oder Geschmack, Elektroschock, gepaart[87].

Kognitive Umstrukturierungs-Techniken verfolgen das Ziel, gedankliche Verzerrungen und Verdrehungen, z. B. pädophile Neutralisationen und Stereotype, in Frage zu stellen und umzuformen, die es pädosexuellen Tätern bisher erlaubt haben, ihr kriminelles Verhalten zu rechtfertigen und zu beschönigen[88]. Neue sozialadäquate Denkmuster werden mit ihnen eingeübt. Ihre Selbstkontrolle und ihr Umgang mit dem weiblichen Geschlecht werden verbessert. Im Rahmen der kognitiven Umstrukturierung ist das Opfer-Einfühlungs-Training, speziell die Entwicklung des Mitgefühls der Täter für sexuell mißbrauchte Kinder, von wesentlicher Bedeutung. 94 % der 1.500 Behandlungsprogramme für Sexualstraftäter in den Vereinigten Staaten sehen die Entwicklung des Einfühlungsvermögens des Täters in das Opfer als zentralen Gesichtspunkt ihrer Behandlung an[89].

Das Rückfall-Verhütungs-Training („Relapse Prevention") ist ein Selbst-Steuerungs-Modell zur Erhaltung des Trainings-Gewinns und zur Verbesserung der äußeren Überwachung des pädophilen Täters[90]. Das Erlernen von Rückfallverhütungs-Strategien und -Konzepten ist zu einem integrierten Bestandteil des kognitiven Verhaltenstrainings geworden. Allerdings setzt es voraus, daß der Rechtsbrecher seine Tat nicht leugnet, sondern daß er die volle Verantwortung für sein kriminelles Verhalten

---

[87] *Vernon L. Quinsey/Christopher M. Earls:* The Modification of Sexual Preferences. In: W.L. Marshall/D.R. Laws/H.E. Barbaree (Hrsg.): aaO. (Fn. 75), 1990, 279–295.

[88] *William D. Murphy:* Assessment and Modification of Cognitive Distortions in Sex Offenders. In: W.L. Marshall/D.R. Laws/H.E. Barbaree (Hrsg.): aaO. (Fn. 75), 1990, 331–342.

[89] *W.L. Marshall:* Assessment, Treatment and Theorizing about Sex Offenders. In: Criminal Justice and Behavior. 23 (1996), 162–199, bes. 173.

[90] *William D. Pithers:* Relapse Prevention with Sexual Aggressors. In: W.L. Marshall/D.R. Laws/H.E. Barbaree (Hrsg.): aaO. (Fn. 75), 1990, 343–361.

übernimmt[91]. Bei der Rückfallverhütung wird dem pädophilen Straftäter ein Problem-Lösungs-Ansatz nahegebracht. Man stattet ihn mit Methoden aus, die es ihm erlauben, Warnzeichen und Risikosituationen zu erkennen und zu analysieren sowie Strategien zu entwickeln, solche Situationen entweder zu vermeiden oder mit ihnen fertig zu werden.

Sein Rückfall-Prozeß besteht aus einer Rückfall-Ereignis-Kette: Zunächst fühlen sich die Täter „einsam" und „verwirrt". Ein innerer Drang, ein flüchtiger Gedanke oder ein Traum quälen sie, eine pädophile Handlung zu begehen. Sie können diesen emotionalen Zustand psychisch nicht verarbeiten. In der zweiten Phase führen sie Masturbations-Phantasien herbei, in denen sie sich durch die Vorstellung einer pädophilen Handlung sexuell erregen. Im dritten Schritt gehen die Phantasien in verzerrte Gedanken über. Die Täter stellen sich häufig Rechtfertigungen für ihre Sexualstraftaten vor, die sie zu begehen gedenken. Verzerrte Gedanken schreiben potentiellen Opfern unzutreffende Eigenschaften zu. In der vierten Phase entwickeln die Täter einen Plan, wie ihr phantasiertes Verhalten in die Wirklichkeit umgesetzt werden kann. Im fünften und letzten Schritt des Rückfall-Prozesses wird ihr Plan ausgeführt.

Die Rückfall-Verhütung ist ein kognitiver, individualisierter Trainings-Ansatz, der fünf Aufgaben verfolgt[92].

– Zunächst werden anfällig machende, beschleunigende und fortdauernde Risiko-Faktoren, frühe Vorläufer („Warnzeichen") des Rückfall-Prozesses mit dem Täter zusammen ermittelt. Er wird über die Ereignis-Abfolge seines Rückfall-Prozesses (Emotion, Phantasie, kognitive Verzerrung, Plan, Handlung) informiert. Es wird ihm gesagt, daß seine Behandlung sein deviantes Sexualverhalten ändern wird, daß aber gleichwohl in Zukunft – mindestens vorübergehend – seine pädophilen Phantasien zurückkehren können.

– Als zweite Aufgabe werden mit ihm zusammen Bewältigungs-Strategien erarbeitet, die in Risikosituationen benutzt werden können, um die Wahrscheinlichkeit seines Rückfalls zu mindern. Jeder Täter zeigt Einzelheiten auf, wie er jedem Risikofaktor begegnen wird, den er in seiner Verhaltensabfolge vor seiner Tatbegehung erkannt hat. Er muß sich Mittel und Wege einfallen lassen, wie er solche Risikosituationen vermeiden wird. Er muß sich ferner einige Strategien überlegen, wie er mit jedem Faktor fertig wird, sollte er unvermeidbar auftauchen.

---

[91] *Danya Glaser:* Treatment Issues in Child Sexual Abuse. In: British Journal of Psychiatry. 159 (1991), 769–782, bes. 776.

[92] *Katurah D. Jenkins-Hall/Candice S. Osborn/Carmen S. Anderson/Kenneth A. Anderson/Carol Shockley-Smith:* The Center for Prevention of Child Molestation. In: D. Richard Laws (Hrsg.): Relapse Prevention with Sex Offenders. New York, London 1989, 268–291.

– Drittens werden Fehltritte, z. B. pädophile Gedanken, Gefühle und Phantasien, nicht als Zeichen absoluten Versagens, sondern als Gelegenheiten definiert, die die Selbststeuerung des Täters verbessern, indem er aus Irrtümern lernt. Man will auf diese Weise einer negativen Abstinenz-Verletzungs-Wirkung, einer Sich-selbst-erfüllenden-Prophezeiung entgegenwirken. Ein Lapsus, ein Abgleiten in alte deviante sexuelle Denk- und Phantasie-Gewohnheiten, kann zum unumkehrbaren Verlust an Selbstkontrolle und zum Rückfall führen. Er kann aber auch eine wertvolle Lernerfahrung, ein Übergangsstadium zur Verbesserung der Selbststeuerung des Täters sein und damit ein vereinzeltes Ereignis bleiben.

– Als vierte Aufgabe werden pädophile Täter daran gewöhnt, ihre Ausrutscher (pädophile Gedanken, Gefühle und Phantasien) als Irrtümer zu betrachten, die ihnen Gelegenheiten eröffnen, neue Bewältigungs-Fähigkeiten herauszubilden und ihre Selbstkontrolle zu verbessern. Wenn man Fehltritte als persönliches Versagen beurteilt, entwickelt man die Erwartungshaltung fortgesetzten ständigen Versagens, die in einer möglichen endgültigen Niederlage, dem Rückfall, endet. Wenn dagegen ein Täter einen Lapsus, ein Straucheln, eine Fehlleistung als ein erwartetes Ereignis, als Herausforderung betrachtet, das ihm die Gelegenheit eröffnet, neue Selbststeuerungs-Fähigkeiten durch die Analyse umkehrbarer Irrtümer (Versehen) herauszubilden, können Fehltritte, pädophile Gedanken und Phantasien, produktive Ergebnisse hervorbringen.

– Fünftens werden mit dem Rechtsbrecher zusammen Interventionen entworfen, die ihn lehren, Fehltritte zu vermeiden und darauf hinzuwirken, daß sich aus Fehltritten keine Rückfälle entwickeln. Dem Täter wird beigebracht, wie man eine Rückfall-Ereignis-Kette erkennt und unterbricht, damit sie nicht zum Rückfall führt.

Neben dem Selbst-Steuerungs-Ansatz zur Erhaltung des Trainings-Gewinns besteht die Rückfall-Verhütung aus einer zweiten Dimension: aus der Schaffung eines ausgedehnten informellen Überwachungs-Netzwerks für eine erhebliche Zeit nach Abschluß des kognitiven Verhaltenstrainings und nach Entlassung aus dem Programm. Innere Selbststeuerung muß durch äußere Überwachung ergänzt werden. Die Therapeuten arbeiten mit vier oder fünf Personen (z. B. mit der Ehefrau, dem Arbeitgeber, mit Berufskollegen, mit Freunden, mit dem Bewährungshelfer) zusammen, die in regelmäßigem Kontakt mit dem Entlassenen stehen und die sein Verhalten ständig beobachten. Entdecken sie Rückfall-Vorläufer (Warnzeichen), so informieren sie die Therapeuten, die Nachbehandlungs-Interventionen veranlassen.

Der mit dem kognitiven Verhaltenstraining (mit integriertem Rückfall-verhütungs-Training) kürzlich eingeschlagene Weg führt in die richtige

Richtung. Erste Evaluationsstudien kommen zu günstigen Ergebnissen[93]. So berichtet man beispielsweise über nur 4 Prozent Rückfälle bei 147 Pädophilen, die nach ihrer Entlassung sechs Jahre lang beobachtet worden sind[94].

3. Opferbehandlung

Zu einer modernen Kriminalpolitik gehört hinzu, daß man sich um das Opfer kümmert und daß man es mit seinen Schwierigkeiten nicht allein läßt. Eine solche Haltung ist nicht nur aus humanitären Gründen angezeigt.

– Empirische Untersuchungen haben ergeben, daß unbehandelte Viktimisierung nach dem psychischen Mechanismus der Identifikation mit dem Aggressor seelisch fehlverarbeitet werden kann, so daß sie Kriminalität verursacht. So waren nicht weniger als 85 % einer Stichprobe von Rechtsbrecherinnen in ihrer Kindheit und Jugend körperlich mißhandelt oder sexuell mißbraucht worden[95].

– Es ist ferner möglich, daß durch das Opferwerden das Viktimisierungsrisiko wächst. Durch seine Tat schädigt der Rechtsbrecher das Selbstkonzept des Opfers, das die verschiedenen Elemente seiner Persönlichkeit koordiniert und integriert[96]. Ein schwaches Selbstwertgefühl und ein nachlassender Selbstbehauptungswille des Opfers sind die Folge. Das Viktimisierungsrisiko für Vergewaltigung ist bei Frauen, die als Kinder sexuell mißbraucht worden sind, mehr als doppelt so hoch wie bei Frauen, die keine Viktimisierung erleben mußten[97].

---

[93] *Barry M. Maletzky/Kevin B. McGovern:* Treating the Sexual Offender. Newbury Park, London, New Delhi 1991, 257; *Janice K. Marques/David M. Day/Craig Nelson/Mary Ann West:* Effects of Cognitive-Behavioral Treatment of Sex Offender Recidivism. In: Criminal Justice and Behavior. 21 (1994), 28–54; *W.L. Marshall/ H.E. Barbaree:* Outcome of Comprehensive Cognitive-Behavioral Treatment Programs. In: W.L. Marshall/D.R. Laws/H.E. Barbaree (Hrsg.): aaO. (Fn. 75), 1990, 363–385.

[94] *William D. Pithers/Georgia F. Cumming:* Can Relapses Be Prevented? Initial Outcome Data from the Vermont Treatment Program for Sexual Aggressors. In: D. Richard Laws (Hrsg.): aaO. (Fn. 92). 1989, 313–325, bes. 320.

[95] *Elise S. Lake:* An Exploration of the Violent Victim Experiences of Female Offenders. In: Violence and Victims. 8 (1993), 41–51, bes. 49.

[96] *Pamela M. Cole/Frank W. Putnam:* Effect of Incest on Self and Social Functioning: A Developmental Psychopathology Perspective. In: Journal of Consulting and Clinical Psychology. 60 (1992), 174–184.

[97] *Mary P. Koss/Thomas E. Dinero:* Discriminant Analysis of Risk Factors for Sexual Victimization among a National Sample of College Women. In: Journal of Consulting and Clinical Psychology. 57 (1989), 242–250, bes. 249.

Neuerdings wird kognitives Verhaltenstraining bei sexuell mißbrauchten Kindern am meisten angewandt. Nach klinischer Erfahrung hat es die psychische Erholung der sexuell mißbrauchten Kinder erleichtert[98].
– Durch eine systematische Desensibilisierung werden die kindlichen Opfer ermutigt, sich in einem schrittweisen Enthüllungsprozeß mit ihren Erinnerungen (Gedanken, Gefühlen) an die sexuelle Viktimisierung auseinanderzusetzen.
– Aufgrund einer kognitiven Umstrukturierung werden erkenntnismäßige Verzerrungen, irrtümliche Annahmen bei ihnen klargestellt, die zu ihren negativen Selbstzuschreibungen beitragen[99].

VI. Kriminalpolitik des Rauschmittelmißbrauchs

Rauschmittelabhängigkeit entsteht nicht aus physiologischen Defiziten oder aus genetischen Ursachen, auch nicht aus Psychopathien und Persönlichkeitsstörungen. Der Rauschmittelabhängige ist nicht krank, nicht psychisch abnorm. Rauschmittelmißbrauch ist nicht einfach ein physischer Prozeß, durch den die Konsumtion von Drogen Abhängigkeit hervorruft. Der Rauschgiftsüchtige ist kein Opfer von Kräften, die jenseits seiner Kontrolle liegen[100]. Im Prozeß der sozialen Interaktion, im Rahmen einer devianten Subkultur hat er vielmehr ein deviantes Selbstkonzept und eine deviante Identität entwickelt. Er hat nicht nur deviante Verhaltenstechniken und -effekte (Drogen-Euphorie) gelernt. Mit zwischenmenschlicher Unterstützung rationalisiert er auch sein deviantes Verhalten (Neutralisationen, kognitive Verzerrungen). Er weiß sich einem hedonistischen Lebensstil verbunden. Durch das Spielen einer devianten Rolle bringt er zum Ausdruck, daß er zur Drogensubkultur gehört und deren Normen und Werte, Einstellungen und Motive teilt[101]. Er fühlt sich in der Drogensubkultur angenommen, in der Drogenbeschaffung und -gebrauch den Lebensinhalt ihrer Mitglieder völlig bestimmen. Dieser Lebensstil hat nicht nur Desinteresse an Ausbildung und Beruf sowie herabgesetzte Belastbarkeit zur Folge. Er führt nicht selten auch zur AIDS-Ansteckung, zu körperlichem Verfall und sozialem Abstieg. Durch die hohen Kosten des Rauschmittelkonsums kommt es insbesondere zu Beschaffungskriminalität, z. B. zu Rezept-

[98] *David Finkelhor/Lucy Berliner:* Research on the Treatment of Sexually Abused Children: A Review and Recommendations. In: Journal of the American Academy of Child and Adolescent Psychiatry. 34 (1995), 1408–1423.
[99] *Esther Deblinger/Anne Hope Heflin:* Treating Sexually Abused Children and their Nonoffending Parents. A Cognitive Behavioral Approach. Thousand Oaks, London, New Delhi 1996.
[100] *Howard Abadinsky:* Drug Abuse. An Introduction. Chicago 1989, 113.
[101] *Marshall B. Clinard/Robert F. Meier:* Sociology of Deviant Behavior. 9. Aufl. Fort Worth, Philadelphia, San Diego, New York, Orlando u.a. 1995, 236–243.

fälschung und -diebstahl, zu Apotheken- und Tageswohnungseinbruch sowie zu Straßenraub (Entreißdiebstählen).

Es gibt unterschiedliche kriminalpolitische Strategien, wie auf Rauschmittelmißbrauch reagiert werden soll:

Nach einer Ansicht soll der Konsum von Betäubungsmitteln nicht mehr unter Strafe gestellt werden. Mitunter bezieht sich der Entkriminalisierungs-Vorschlag auch nur auf weiche Drogen (z. B. Marihuana). Man beurteilt die Rauschmittelabhängigkeit lediglich als Gesundheitsproblem und postuliert ein Recht auf Rausch. Indessen ist zwischen Drogenhandel und -konsum keine saubere Trennung möglich. Niemand vermag treffsicher vorauszusagen, ob die Entkriminalisierung oder sogar Legalisierung des Drogenkonsums zu einer erweiterten Verbreitung des Rauschmittelmißbrauchs beitragen wird oder nicht[102]. Es erscheint plausibel, daß die Entkriminalisierung zu einer Vergrößerung des Drogenangebots führen wird. Auf jeden Fall hält eine breite Mehrheit der Bevölkerung das strikte Drogenverbot und seine Strafbewehrung für richtig[103].

Eine andere Meinung fordert härtere Strafen für den Rauschmittelmißbrauch. Aber die kriminologische Forschung hat herausgefunden, daß ein Übermaß an gesetzlicher Strafdrohung auf Grenzen der Durchführbarkeit und Effizienz stößt[104]. Ein Beispiel ist das Drogengesetz des Staates New York aus dem Jahre 1973. Für Drogenhändler und -konsumenten sah es Freiheitsstrafen von unbestimmter Dauer, ja sogar lebenslange Freiheitsstrafen vor. In einer Evaluationsstudie[105] stellte man fest: Der Drogenmißbrauch war durch das Gesetz unverändert geblieben. Die Begleit- und Folgekriminalität hatte sogar zugenommen. Das Strafjustizsystem unterlief das neue Drogengesetz. Es fühlte sich durch dieses Strafgesetz überfordert und war unfähig, die Last seiner vollen Anwendung zu tragen.

Die Kriminalisierung des Drogenkonsums führt dann zu einer weitgehend drogenfreien Gesellschaft, wenn das Verbot durch die Polizei streng kontrolliert wird und wenn breite Bevölkerungsschichten die Drogenpolitik unterstützen. Das schwedische Beispiel[106] macht deutlich, daß gesetz-

---

[102] *Günther Kaiser:* aaO. (Fn. 19), 1996, 646–648.

[103] *Dieter Dölling:* Eindämmung des Drogenmißbrauchs zwischen Repression und Prävention. Heidelberg 1995, 7 und 19.

[104] *Arthur Kreuzer:* Betäubungsmittelstrafrecht – Gedanken, Befunde, Kritik. In: Hans-Heiner Kühne (Hrsg.): Festschrift für Koichi Miyazawa. Baden-Baden 1995, 177–198, bes. 186; *Arthur Kreuzer/Rolf Wille:* Drogen – Kriminologie und Therapie. Heidelberg 1988, 95.

[105] Joint Committee on New York Drug Law Evaluation: The Nation's Toughest Drug Law: Evaluating the New York Experience. New York 1977.

[106] *Eckart Kühlhorn/Carol Bejerot/Kerstin Käll/Anders Romelsjö/Marlene Stenbacka:* Legale und illegale Drogen in Schweden. In: Kriminologisches Bulletin. 21 (1995), 67–106.

liche Strafandrohungen ihre Präventivkraft entfalten, wenn das Kriminaljustizsystem die Strafandrohungen durchsetzt und wenn die Bevölkerung der Kriminaljustiz hierbei hilft. Die Kriminalisierung des Drogenkonsums und die Verstärkung der Kontrollintensität haben in Schweden seit Ende der achtziger Jahre ein beständiges Absinken der Zahl der Neueinsteiger und gleichzeitig eine laufende Erhöhung des durchschnittlichen Einstiegsalters zur Folge gehabt. Es zeigte sich, daß Anstrengungen, den Einstieg in den Drogenmißbrauch zu hemmen, größere Erfolgschancen haben als Bemühungen um die Behandlung von Abhängigen[107]. Allerdings wurde der verhältnismäßige Strafrechtseinsatz durch die präventive Arbeit in Jugendorganisationen und Schulen, durch die schwedischen Massenmedien und durch die Erziehung in Millionen schwedischer Familien mitgetragen.

Die Methadon-Erhaltungs-Therapie und die Heroin-Verschreibungs-Programme verfolgen einen Schadens-Verminderungs-Ansatz („Harm Reduction Approach"). Sie sind nicht abstinenzorientiert; sie versuchen vielmehr, den körperlichen und psychischen Gesundheitszustand des Drogenabhängigen, seine soziale Integration und seine Arbeitsfähigkeit zu verbessern und sein deliktisches Verhalten abzubauen[108]. Es handelt sich um Substitutionsprogramme, die auf dem Krankheitsmodell beruhen und die den Ursachen der Rauschmittelabhängigkeit nicht auf den Grund gehen. Im Heroin-Verschreibungs-Programm der Schweiz werden Drogenabhängige mit langer Suchtkarriere mit Heroin versorgt. Die Rauschmittelabhängigen müssen zwanzig Jahre oder älter und wenigstens zwei Jahre lang süchtig sein. Sie müssen zwei Abstinenz-Behandlungen erfolglos versucht haben. Das Heroin dürfen sie nicht mitnehmen; sie müssen es auf der Stelle spritzen[109]. Aufgrund der Methadon-Erhaltungs-Therapie und der ärztlichen Verschreibung von Betäubungsmitteln konnten die Gesundheitsschäden der Rauschmittelabhängigen vermindert werden, und ihre Beschaffungskriminalität ging zurück. Das Heroin-Verschreibungs-Programm der Schweiz führte zu einer beachtlichen Abnahme an schweren Delikten wie Einbruch und Straßenraub. Auch der Kleinhandel mit harten Drogen verringerte sich[110]. Der Anteil der Patienten, die freiwillig die Substitution beenden und erfolgreich abstinent werden, liegt allerdings nach mehrjähriger Behandlung nur bei etwa zehn Prozent.

[107] *Kühlhorn/Bejerot/Käll/Romelsjö/Stenbacka:* aaO. (Fn. 106), 1995, 83.
[108] *Hans-Dieter Schwind:* Kriminologie. 8. Aufl. Heidelberg 1997, 525/526; vgl. auch *Martin Grapendaal/Ed Leuw/Hans Nelen:* A World of Opportunities. Lifestyle and Economic Behavior of Heroin Addicts in Amsterdam. Albany/N.Y. 1995.
[109] *Martin Killias/Ambros Uchtenhagen:* Does Medical Heroin Prescription Reduce Delinquency Among Drug-Addicts? In: Studies on Crime and Crime Prevention. 5 (1996), 245–256.
[110] *Martin Killias/Juan Rabasa:* Schlußbericht zu den Auswirkungen der Verschreibung von Betäubungsmitteln auf die Delinquenz von Drogenabhängigen. Lausanne 1997.

Die Behandlung, die auf dauernde Abstinenz abzielt, muß folgende Aufgaben verfolgen:

– Der Rauschmittelabhängige muß in einer prosozialen Gruppe seine deviante Rolle, seinen devianten Lebensstil und sein deviantes Selbstkonzept verlernen[111].

– Seine gedanklichen Verzerrungen und Verdrehungen, die sein deviantes Verhalten gerechtfertigt und beschönigt haben, müssen umstrukturiert werden.

– Seine prosoziale Lebenskompetenz, sein Selbstvertrauen, seine Kommunikations- und Kontaktfähigkeit und seine Geschicklichkeit beim Lösen von Problemen und Konflikten sind zu verbessern.

– Durch ein Rückfall-Verhütungs-Training („Relapse Prevention") ist er in die Lage zu versetzen, seinen Rückfall-Prozeß zu unterbrechen[112]. Wahrhaftiger und anhaltender Wandel im sozialabweichenden Verhalten des Drogenabhängigen tritt nur ein, wenn er für einen solchen Wandel motiviert ist und wenn er die volle Verantwortung für sein deviantes Verhalten, für seine Behandlung und für seinen potentiellen Rückfall übernimmt[113]. Seine Motivation, eine Freiheitsstrafe zu vermeiden, reicht hierfür nicht aus.

VII. Vorbeugung als kriminalpolitische Maßnahme

A. Situative Prävention

Es gibt drei verschiedene Vorbeugungsformen[114]: die situative oder auch technische Prävention, die Gemeinschafts- oder auch sozialstrukturelle Verhütung und die Entwicklungsvorbeugung. Unter situativer Prävention versteht man die Vermeidung der Begehung von Delikten durch die Verminderung von Gelegenheiten und Risiken. In der gegenwärtigen deutschen kriminalpolitischen Diskussion wird der technischen Prävention großes Gewicht beigemessen[115]. Als Beispiel wird die Wegfahrsperre ge-

---

[111] *Rita Volkman Johnson/Donald R. Cressey:* Differential Association and Rehabilitation of Drug Addicts. In: Earl Rubington/Martin S. Weinberg (Hrsg.): Deviance – The Interactionist Perspective. 4.Aufl. New York 1981, 489–500.

[112] *M. Douglas Anglin/Yih-Ing Hser:* Treatment of Drug Abuse. In: Michael Tonry/James Q.Wilson (Hrsg.): Drugs and Crime. Crime and Justice. Band 13. Chicago, London 1990, 393–460, bes. 404/405.

[113] *Richard C. Stephens:* The Street Addict Role. A Theory of Heroin Addiction. Albany/N.Y. 1991, 181/182.

[114] *Michael Tonry/David P. Farrington:* Strategic Approaches to Crime Prevention. In: Michael Tonry/David P. Farrington (Hrsg.): Building a Safer Society. Crime and Justice. Band 19. Chicago, London 1995, 1–20, bes. 2/3.

[115] *Winfried Hassemer:* Aktuelle Perspektiven der Kriminalpolitik. In: Strafverteidiger. 14 (1994), 333–337; *Hassemer:* Perspektiven einer neuen Kriminalpolitik. In: Strafverteidiger. 15 (1995), 483–490.

nannt. Weitere Beispiele sind der Schutz von Siedlungen durch Privatpolizei, die Installierung von Alarmsystemen und die Anschaffung von Waffen, um einem kriminellen Angriff zu begegnen[116]. Die Sicherheits-Industrie wird zu einer der erfolgreichsten Wachstumsindustrien im 21. Jahrhundert werden.

Gegen die technische Prävention werden zahlreiche Bedenken erhoben:
– Sie befördert eine „Festungsmentalität" und relativiert das staatliche Gewaltmonopol.
– Sie führt nicht zur Verminderung der Kriminalität, sondern zu ihrer Verdrängung und Ablenkung („Displacement, Deflection"). Das Verbrechen wird in die ohnehin kriminell hoch belasteten Großstadtbezirke abgedrängt. Bereits heute ist der gewerbliche Sektor in den Niederlanden besser geschützt als der private[117].
– Sie bewirkt eine Verhärtung und Verschlimmerung (Brutalisierung) der Kriminalität. In der Vergangenheit haben es clevere Rechtsbrecher immer wieder verstanden, private Schutzvorkehrungen unwirksam zu machen. Ein Beispiel ist das „Carjacking" in den USA, das nach Einführung der Wegfahrsperre entstanden ist. Das wertvolle Auto wird seinem Fahrer oder seiner Fahrerin unter Androhung von Gewalt weggenommen.

B. Sozialstrukturelle Prävention

Gemeinschafts-Verhütung ist schon wesentlich erfolgreicher. Sie besteht in Interventionen, die die sozialen Bedingungen ändern, die in Großstadtgebieten die Kriminalitätsentstehung fördern. Sie will in sozial desorganisierten, mit Kriminalität und Jugenddelinquenz hoch belasteten Großstadtbezirken Sozialstrukturen schaffen, in denen großstädtische Gemeinschaften wiederhergestellt und soziale Bindungen wieder geknüpft werden können. Soziale Desorganisation kann man an folgenden sichtbaren Zeichen erkennen: Plunder und Abfall in unbewohnten Häusern, mit Brettern vernagelte, für unbewohnbar erklärte Gebäude, abgewrackte und verlassene Autos, Banden von Teenagern, die an Straßenecken herumlungern, Straßenprostitution, Bettelei, öffentliches Alkoholtrinken, Belästigung von Frauen, öffentliches Glückspiel und öffentlicher Drogenmißbrauch. Es ist nicht das Ziel der „Zerstörten Fenster Theorie" („Broken Windows

---

[116] *Ronald V. Clarke:* Situational Crime Prevention. In: Michael Tonry/David P. Farrington (Hrsg.): aaO. (Fn. 114), 1995, 91–150.
[117] *Jan J.M. van Dijk:* Professionalising Crime: Reflections on the Impact of New Technologies on Crime and Crime Prevention in the Year 2000 and Beyond. In: Josine Junger-Tas/Irene Sagel-Grande (Hrsg.): Criminology in the 21st Century. Leuven, Apeldoorn 1991, 17–23, bes. 20.

Theory")[118], ein härteres Vorgehen der Polizei gegen solche Symptome öffentlicher Unordnung zu erreichen. Für diese Theorie ist ein nicht repariertes, zerstörtes Fenster vielmehr ein Signal, daß sich niemand kümmert. Ein solches Gebiet „mit zerstörten Fenstern", das nach außen hin unkontrolliert und unkontrollierbar erscheint, ist verwundbar für kriminelle Invasion. Schwere Straßenkriminalität blüht in einem solchen Bezirk, in dem unordentliches Verhalten unbeachtet bleibt. Die Bevölkerung will mit der Polizei sprechen und ihr sagen, was sie bedrückt. Das Wesen der Polizeirolle besteht darin, die Ordnung aufrechtzuerhalten, um die informellen Kontrollmechanismen der Gemeinschaft zu stärken und zu festigen. Ist die Sozialstruktur einer Nachbarschaft gestört, wofür „zerstörte Fenster" Symptome bilden, ist die Polizei aufgerufen, mit der Bevölkerung zusammen die Gemeinschaftsbildung zu fördern und der informellen Kontrolle einen Weg zu bahnen.

Soziale Desorganisation ist gekennzeichnet durch die Unfähigkeit der sozialen Gruppen eines Gebiets, gemeinschaftliche Werte seiner Bewohner zu verwirklichen, ihre gemeinsamen Probleme zu lösen und wirksame informelle Sozialkontrollen durch seine Bewohner aufrechtzuerhalten[119]. Zwar ist es äußerst schwierig, in sozial desorganisierten, kriminell hoch belasteten Gebieten ein sozialstrukturelles Präventionsprogramm zu organisieren[120]. Denn die Bevölkerung in solchen Bezirken ist voll von Mißtrauen, Hoffnungslosigkeit und Angst, durch die sich Menschen voneinander isolieren. Gleichwohl dürfen sozial desorganisierte, kriminell hoch belastete Großstadtgebiete nicht einfach aufgegeben werden. Die sozioökonomische Struktur des Risikobezirks muß umgeformt, und die subkulturellen Traditionen, Wertvorstellungen und Lebensstile müssen geändert werden. Ziele des Umwandlungsprozesses der Nachbarschaft sind hierbei die Stärkung des Sinns für persönliche Verantwortlichkeit, die Förderung der sozialen Interaktion, der wechselseitigen Hilfsbereitschaft, der Solidarität und der Gemeinschaftsbindung sowie die Wiederherstellung der Bereitschaft, in Situationen einzugreifen, die ein Opferwerden durch Rechtsbrecher herbeiführen[121].

---

[118] *James Q. Wilson/George L. Kelling:* Broken Windows. In: Roger G. Dunham/Geoffrey P. Alpert (Hrsg.): Critical Issues in Policing. Prospect Heights/Ill. 1989, 369–381.
[119] *Ruth Rosner Kornhauser:* Social Sources of Delinquency. Chicago, London 1978, 31 und 63.
[120] *Wesley G. Skogan:* Disorder and Decline. Berkeley, Los Angeles 1990; *Robert J. Bursik/Harold G. Grasmick:* Neighborhoods and Crime. New York, Toronto, Oxford, Singapore, Sydney 1993.
[121] *Wesley G. Skogan:* Community Organizations and Crime. In: Michael Tonry/Norval Morris (Hrsg.): Crime and Justice. Band 10. Chicago, London 1988, 39–78.

Ein sozialstrukturelles Präventionsprogramm ist die problemlösende Polizeiarbeit („Problem Solving Policing"), die sich darum bemüht, nicht nur auf bereits eingetretene kriminelle Ereignisse zu reagieren, sondern die Probleme von vornherein zu erkennen, zu analysieren und zu lösen, derentwegen die Polizei immer wieder gerufen wird[122]. Gemeinschaftsorientierte Polizeiarbeit („Community Policing") betont die Gründung einer Arbeitspartnerschaft zwischen Polizei und Gemeinschaft, um der Kriminalität vorzubeugen und die Sicherheit zu erhöhen. Es ist das Ziel beider Formen der Polizeiarbeit, die formelle Sozialkontrolle zu nutzen, um die informelle Sozialkontrolle der Gemeinschaft zu stärken[123]. Für die problemlösende und gemeinschaftsorientierte Polizeiarbeit, demokratische Formen der Polizeiarbeit, sind die japanische Polizei-Organisation und -Strategie Vorbild gewesen[124]. Der Rückgang der Kriminalität in Metropolen der USA wird ganz wesentlich auf problemlösende, gemeinschaftsorientierte Polizeiarbeit zurückgeführt.

C. Entwicklungsvorbeugung

Die dritte Form der Vorbeugung ist die Entwicklungs-Prävention. Sie zielt darauf ab, die Entwicklung kriminellen Potentials im Individuum zu verhindern und die Risikofaktoren positiv zu beeinflussen, die man in Lebenslaufstudien herausgearbeitet hat. Einige Delinquenzverhütungs-Programme nach diesem Konzept haben sich in jüngster Zeit in den USA als erfolgreich erwiesen[125]. Es geht im wesentlichen um drei Vorgehensweisen[126]:

– um Vorschulprogramme, die die Kinder geistig und seelisch bereichern,

– um Elternschulung (in Verbindung mit einem Verhaltens-Training der Kinder) zur Verbesserung ihrer Erziehungsmethoden und Familieninteraktionen sowie

– um Schulprogramme, die Lehrer-, Eltern- und Schülertraining miteinander kombinieren.

---

[122] *Herman Goldstein:* Problem-Oriented Policing. New York, St. Louis, San Francisco, Auckland, Bogotá, Caracas, Hamburg u.a. 1990.
[123] *Mark Harrison Moore:* Problem-Solving and Community Policing. In: Michael Tonry/Norval Morris (Hrsg.): Modern Policing. Crime and Justice. Band 15. Chicago, London 1992, 99–158, bes. 143.
[124] *David H. Bayley:* Forces of Order. Policing Modern Japan. Berkeley, Los Angeles, Oxford 1991; vgl. auch *Setsuo Miyazawa:* Policing in Japan. Albany/N.Y. 1992.
[125] Vgl. den Überblick bei *Richard E. Tremblay/Wendy M. Craig:* Developmental Crime Prevention. In: Michael Tonry/David P. Farrington: aaO. (Fn. 114), 1995, 151–236.
[126] *David P. Farrington:* The Explanation and Prevention of Youthful Offending. In: J. David Hawkins (Hrsg.): Delinquency and Crime. Cambridge, New York, Melbourne 1996, 68–148; *Peter W. Greenwood:* aaO. (Fn. 56), 1995, 91–117.

Theoretische Grundlage aller drei Programme ist die kognitive Verhaltensperspektive.

Die Vorschulprogramme[127] entwickeln durch geistige und seelische Bereicherung die kognitiven Fähigkeiten der Kinder, damit sie den späteren Anforderungen durch Schule und Berufsausbildung besser gerechtzuwerden vermögen. Sie befähigen sie insbesondere zu positiven zwischenmenschlichen Interaktionen. Das interpersonelle kognitive Verhaltenstraining der Kinder in ihrem Kindergarten- und in ihrem frühen Grundschulalter ist darauf gerichtet, sie prosoziale Methoden der Problemlösung zu lehren und hierdurch ihre Selbstkontrolle zu verbessern. Die Vorschulprogramme waren so erfolgreich, daß ein Bundesgesetz der USA die Einzelstaaten verpflichtet, solche Delinquenz-Vorbeugungs-Programme für drei- bis fünfjährige Risiko-Kinder einzurichten[128].

Im Rahmen der Elternschulung[129] lehrt man die Eltern, ihren Kindern Verhaltensgrenzen zu setzen, das Benehmen ihrer Kinder zu beobachten und richtig zu definieren, ihr prosoziales Verhalten zu verstärken und ihr antisoziales Benehmen wirksam, aber verhältnismäßig zu bestrafen und Familienkrisen zu meistern. Man bemüht sich, die Konflikt-Lösungs-Fähigkeiten der Eltern zu entwickeln. Um die Eltern-Kind-Interaktionen zu verbessern, ergänzt man teilweise das Eltern-Erziehungs-Training durch ein Verhaltens-Training der Kinder. Man verstärkt ihre prosoziale Kompetenz und verbessert ihre Selbstkontrolle. Man entwickelt ihre Fähigkeiten, Konflikte mit Eltern und Gleichaltrigen angemessen und friedlich zu lösen.

Das Schulprogramm[130] versteht die Bindungen zur Familie und zur Schule als Schutzfaktoren gegen Delinquenz und Drogenmißbrauch. Während der ersten Grundschuljahre werden bei den Schülerinnen und Schülern starke Bindungen zur Familie und Schule entwickelt, so daß die Kinder motiviert werden, die Verhaltensmaßstäbe dieser Institutionen anzunehmen. Zu Beginn eines jeden Schuljahres sprechen die Lehrer klare Erwartungen und ausdrückliche Belehrungen über Anwesenheit und Ver-

---

[127] *Edward Zigler/Cara Taussing/Kathryn Black:* Early Childhood Intervention. A Promising Preventative for Juvenile Delinquency. In: American Psychologist. 47 (1992), 997–1006; vgl. zur "Perry Preschool Study": *David P. Weikart/Lawrence J. Schweinhart:* High/Scope Preschool Program Outcomes. In: Joan McCord/Richard E. Tremblay (Hrsg.): Preventing Antisocial Behavior. New York, London 1992, 67–86.

[128] *Albert J. Reiss/Jeffrey A. Roth:* Understanding and Preventing Violence. Washington D.C. 1993, 390.

[129] *Thomas J. Dishion/David Andrews:* Preventing Escalation in Problem Behaviors with High-Risk Young Adolescents: Immediate and One-Year Outcomes. In: Journal of Consulting and Clinical Psychology. 63 (1995), 538–548.

[130] *J. David Hawkins/Richard F. Catalano/Diane M. Morrison/Julie O'Donnell/Robert D. Abbott/L. Edward Day:* The Seattle Social Development Project. In: Joan McCord/Richard E. Tremblay (Hrsg.): aaO. (Fn. 127), 1992, 139–161.

halten in der Klasse aus. Sie erkennen und belohnen alle Versuche, diese Vorschriften zu befolgen. Sie loben und ermutigen beständig prosoziales Verhalten. Die Schüler und Schülerinnen dieser Vorbeugungsprogramme beurteilen ihre Schule positiver; sie sind engagierter, eine Ausbildung zu erhalten. Sie haben signifikant niedrigere Delinquenzraten und sind am Drogenmißbrauch signifikant geringer beteiligt.

VIII. Opferorientierte Kriminalpolitik

A. Konzeption

Die einseitige Täterorientierung im Strafrecht und im Strafverfahren und der Behandlungsgedanke im Strafvollzug sind weltweit wegen ihrer Erfolglosigkeit in die Krise geraten. Die Freiheitsstrafe hat in Europa an Bedeutung eingebüßt. Die Opferinteressen, die durch die abstrakte, obrigkeitsstaatliche Rechtsgutlehre stark in den Hintergrund gedrängt worden sind, werden im Zivilisationsprozeß, im gesellschaftlichen Lernprozeß immer stärker von der Bevölkerung als berechtigt anerkannt[131]. Das Opfer darf nicht als bloßes objektives Beweismittel für die Wahrheitsfindung im Strafverfahren mißbraucht und ein zweites Mal zum Objekt, zum Opfer gemacht werden. Es setzt sich immer mehr die kriminalpolitische Auffassung durch, daß nicht nur Täter, sondern auch Verbrechensopfer Verfassungs- und Verfahrensrechte haben. Im Interesse einer wirksamen Verbrechenskontrolle müssen die Entmachtung und die Enteignung des Verbrechensopfers zurückgenommen werden.

Die Wiedergutmachung ist im gegenwärtigen Rechtsfolgesystem des deutschen Strafrechts nur spärlich ausgestaltet. Sie nimmt eine Randposition ein, und sie stellt einen Nebenweg dar[132]. Das Bundesgesetz zum Schutz von Verbrechensopfern der Vereinigten Staaten hat sie schon im Jahre 1982 zur Hauptsanktion gemacht. Will ein Gericht von dieser Sanktion keinen Gebrauch machen, muß es seine Gründe hierfür im Urteil darlegen. Die Wiedergutmachung setzt ein verändertes Verständnis von Strafrecht voraus. Sie will kein Übel zufügen, keine Wunde beim Täter schlagen; sie will nicht vergelten, sondern sie will den Täter-Opfer-Konflikt heilen und den Rechtsfrieden unter aktiver Mitwirkung aller Beteiligten wieder-

---

[131] *Klaus Sessar:* Wiedergutmachen oder strafen. Einstellungen der Bevölkerung und der Justiz. Pfaffenweiler 1992.

[132] *Dieter Rössner:* Wiedergutmachung als Aufgabe der Strafrechtspflege. In: Rainer-Dieter Hering/Dieter Rössner (Hrsg.): Täter-Opfer-Ausgleich im allgemeinen Strafrecht. Bonn 1993, 99–152, bes. 105.

herstellen. Sie will den Beteiligten ihren Konflikt nicht „stehlen"[133], sondern sie will die informelle Kontrolle, die Mechanismen der Selbstregulierung wieder aktivieren[134] und damit die ständige Ausweitung des Strafrechts begrenzen. Sie will den Täter mit dem Opfer, mit der Rechtsgemeinschaft und nicht zuletzt mit sich selbst versöhnen. Die geistig-seelische Auseinandersetzung des Täters mit seiner Tat trägt ganz wesentlich zur Normstabilisierung (zur positiven Generalprävention) bei. Der Täter kann seine Schuldgefühle nicht mehr neutralisieren. Seine Wiedergutmachung ist ein ausgeprägtes Anzeichen für seine innere Umkehr, für seine Normanerkenntnis und Verantwortungsübernahme (für seine positive Spezialprävention). Zur Heilung der psychosozialen Opferverletzung ist es außerordentlich wichtig, daß die Gesellchaft und der Täter die Opferschädigung anerkennen. Menschen sind sozial lern- und besserungsfähig. Wiedergutmachung ist eine sozial konstruktive Leistung, die die Schuldeinsicht des Täters und die Vorbildfunktion des Strafrechts stärkt.

Das Opfer wird durch Gewalt- und Vermögensdelikte psychosozial geschädigt[135]. Es bedarf der emotionalen Unterstützung[136]. Durch eine konservative, harte Kriminalpolitik wird es wiederum als Mittel zum Zweck mißbraucht[137]. Seine Leiden werden nicht durch die Leiden des Täters gelindert; seine Erniedrigung wird nicht durch die Degradierung des Täters ausgeglichen. Opfer sind nicht rachedurstig; ihr Hauptanliegen ist Wiedergutmachung. Opferbedürfnisse eignen sich nicht zur Rechtfertigung der Vergeltungs- oder Genugtuungs-Ideologie. Opfer wollen keine Entscheidungsmacht, aber sie möchten vor dem Urteilsspruch gehört werden. Opfer sind mit ihrer Stellung im Strafverfahren unzufrieden[138]. Das Gericht soll ihren Schaden anerkennen; der Täter soll sich nicht in Ausreden flüchten, sondern die Verantwortung für seine Tat übernehmen. Das Opfer möchte ein als wertvoll anerkannter Teilnehmer im Strafverfahren sein; es

---

[133] *Nils Christie:* Conflicts as Property. In: British Journal of Criminology. 17 (1977), 1–15.

[134] *Dieter Rössner:* Individualisierung und Verlust der Mitte: Wert- und Normvermittlung durch Strafrecht? In: Heiner Noske (Hrsg.): Der Rechtsstaat am Ende? München, Landsberg/Lech 1995, 50–65.

[135] *Michael C. Baurmann/Wolfram Schädler:* Das Opfer nach der Straftat – Seine Erwartungen und Perspektiven. Wiesbaden 1991.

[136] *Joanna Shapland/Jon Willmore/Peter Duff:* Victims in the Criminal Justice System. Aldershot/Hants/England, Brookfield/Vermont 1985; Jan J.M. van Dijk/Pat Mayhew/Martin Killias: Experiences of Crime across the World. Deventer, Boston 1990, 72–76.

[137] *Ezzat A. Fattah:* Toward a Victim Policy Aimed at Healing, Not Suffering. In: Robert C. Davis/Arthur J. Lurigio/Wesley G. Skogan: Victims of Crime. 2.Aufl. Thousand Oaks, London, New Delhi 1997, 257–272.

[138] *Michael Kilchling:* Opferinteressen und Strafverfolgung. Freiburg i.Br. 1995.

möchte eine akzeptierte Rolle im Kriminaljustizsystem spielen (symbolische Rolle der Wiedergutmachung)[139].

Es geht nicht nur um eine Repersonalisierung des Strafrechts und des Strafverfahrens, um eine Reviktimisierung zu vermeiden[140]. Ein Stück weit wird auch die Reprivatisierung von Strafrecht und Strafverfahren angestrebt. Die Straftat ist nicht allein eine abstrakte Rechtsgutverletzung; sie ist auch eine konkrete psychosoziale Verletzung der Person des Opfers. Die Rechtsverletzung darf nicht verneint werden, wie das die Abolitionisten wollen. Sie muß aber hinter die Opferverletzung zurücktreten. Vor Anwendung seines staatlichen Gewaltmonopols muß der Staat versuchen, den Konflikt mit den Beteiligten selbst friedlich zu lösen. Formelle und informelle Kontrolle müssen integriert werden[141]. Das Kriminaljustizsystem hat die Aufgabe, die informelle Kontrolle wiederaufzubauen und zu stützen. Die Wiedergutmachung mindert den Rückfall[142]. Die Tat darf allerdings auf keine Persönlichkeitsstörung zurückgeführt werden, für die der Rechtsbrecher sich nicht verantwortlich fühlt. Man muß es ihm ermöglichen, seine Verantwortlichkeit für sein Fehlverhalten seinem Opfer und der Rechtsgemeinschaft gegenüber auf sich zu nehmen, ohne daß er seine Selbstachtung verliert.

B. Gesetzliche Verwirklichung in der Bundesrepublik

Das „Erste Gesetz zur Verbesserung der Stellung des Verletzten im Strafverfahren" vom 18. 12. 1986[143] ist am 1. 4. 1987 in der Bundesrepublik Deutschland in Kraft getreten. Es verbessert an einzelnen Stellen verstreut die Rechtsstellung des Opfers. Vier Beispiele sollen genannt werden:
– Diskriminierende Fragen an den Zeugen im Strafverfahren werden etwas stärker eingeschränkt.
– Der Kreis der Nebenklageberechtigten wird erweitert.
– Das Opfer kann sich zur Wahrnehmung seiner Rechte eines Beistands bedienen.
– Um das Adhäsionsverfahren zu aktivieren, wird die Verfolgung zivilrechtlicher Schadensersatzansprüche im Strafverfahren etwas erleichtert.

---

[139] *Joanna Shapland:* Victim Assistance and the Criminal Justice System: The Victim's Perspective. In: Ezzat A. Fattah (Hrsg.): From Crime Policy to Victim Policy. Houndmills/Basingstoke/Hampshire, London 1986, 218–233, bes. 227.

[140] *Jürgen Baumann:* Zur Repersonalisierung des Strafrechts. In: Wilfried Küper/Jürgen Welp (Hrsg.): Beiträge zur Rechtswissenschaft. Heidelberg 1993, 41–47.

[141] *Marcus Felson/Ronald V. Clarke:* Routine Precautions, Criminology, and Crime Prevention. In: Hugh D. Barlow (Hrsg.): aaO. (Fn. 17), 1995, 179–190.

[142] *Anne L. Schneider:* Deterrence and Juvenile Crime. New York, Berlin, Heidelberg, London u.a. 1990.

[143] BGBl I 2496–2500.

Das „Erste Gesetz zur Änderung des Jugendgerichtsgesetzes" vom 30.08.1990[144], das am 1.12.1990 in Kraft getreten ist, ermöglicht die Wiedergutmachung als Auflage *und* als Weisung. Hierdurch wird die ohnehin unklare Rechtsnatur der Wiedergutmachung weiterhin verunsichert.

Aufgrund des Verbrechensbekämpfungsgesetzes, das am 1.12.1994 in Kraft getreten ist[145], wird die Wiedergutmachung bei der Strafzumessung weitergehend berücksichtigt.

Weil Nachbesserungsbedarf besteht, liegen die folgenden drei weiteren viktimologisch bedeutsamen Gesetzentwürfe vor:

– Im Entwurf eines 2. Opferschutzgesetzes[146] werden die Nebenklageberechtigung für jugendliche Opfer sexuellen Mißbrauchs erweitert und die Beiordnung eines Rechtsanwalts für Opfer von Straftaten gegen die sexuelle Selbstbestimmung erleichtert. Es wird erneut der Versuch unternommen, das Adhäsionsverfahren durch die Einführung eines Wiedergutmachungsvergleichs zu aktivieren.

– Nach dem Entwurf eines Zeugenschutzgesetzes[147] sollen bei allen besonders schutzbedürftigen Zeugen sowohl die Videosimultanübertragung wie auch die Verwendung von Videoaufzeichnungen als Beweismittel zulässig sein.

– Aufgrund des Entwurfs eines zivilrechtlichen Opferschutzgesetzes[148], das die Bundesregierung Opferanspruchs-Sicherungs-Gesetz nennt, sollen Opfer Zugriff auf Vermarktungshonorare erhalten, die die Täter aus der öffentlichen Darstellung ihrer Taten und ihrer Person in Presse, Rundfunk und Fernsehen erwerben. Die Opfer sollen auf diese Weise ihre Schadensersatzansprüche gegen ihren Täter realisieren können.

So begrüßenswert diese kriminalpolitischen Initiativen auch sein mögen, so wird durch sie doch deutlich, daß der Gesetzgeber keinen Mut zu einer neuen einheitlichen Konzeption besitzt:

– Es handelt sich um zahlreiche Einzelschritte, durch die die Rechtswirklichkeit gleichwohl nicht nachhaltig beeinflußt wird. Alle diese Einzelmaßnahmen laufen nur auf eine Vermeidung der Reviktimisierung hinaus.

---

[144] BGBl I 1853.

[145] Gesetz zur Änderung des Strafgesetzbuches, der Strafprozeßordnung und anderer Gesetze vom 28.10.1994, BGBl I 3186–3198.

[146] Entwurf eines Zweiten Gesetzes zur Verbesserung der Stellung des Verletzten im Strafverfahren, Deutscher Bundestag, Drucksache 13/6899.

[147] Entwurf eines Gesetzes zur Änderung der Strafprozeßordnung (Gesetz zum Schutz kindlicher Zeugen), Deutscher Bundestag, Drucksache 13/4983.

[148] Entwurf eines Gesetzes zur Verbesserung der zivilrechtlichen Entschädigung der Opfer von Straftaten (Zivilrechtliches Opferentschädigungsgesetz – ZOEG), Deutscher Bundestag, Drucksache 13/6831.

– Diskriminierende Fragen an das Opfer können allein durch die Einführung eines Beweisthemenverbots oder eines Zeugnis- oder Auskunftsverweigerungsrechts[149] vermieden werden.

– Die Nutzung der Videotechnologie bei der Vernehmung schutzbedürftiger Zeugen ist von zweitrangiger Bedeutung. Es kommt vor allem auf die Beachtung der Opferbedürfnisse durch das Gericht, auf den Respekt und die Achtung an, die das Gericht den Zeugen entgegenbringt.

– Bereits das 1. Opferschutzgesetz hat keine Aktivierung des Adhäsionsverfahrens gebracht. Solange Zivilrechts- und Strafrechts-Praxis so grundsätzlich voneinander getrennt arbeiten, wie das gegenwärtig der Fall ist, wird man durch das 2. Opferschutzgesetz keine Aktivierung des Adhäsionsverfahrens erreichen.

C. Kriminalpolitische Vorschläge

1. Wiedergutmachung als eigen- und selbständige Sanktion

Die Wiedergutmachung muß zu einem eigen- und selbständigen sanktionsrechtlichen Zentralinstrument erhoben werden[150]. Sie ist als wichtiges Ziel der Kriminaljustiz von der Generalversammlung der Vereinten Nationen[151] und vom Ministerrat des Europarates[152] anerkannt. Man muß sie als Interaktions-(Wechselwirkungs-)Prozeß zwischen Täter, Opfer und Gesellschaft verstehen, der den kriminellen Konflikt heilt und Frieden zwischen den Beteiligten schafft. Es handelt sich nicht nur eben um die Zahlung eines Geldbetrages und um ein paar leicht hingeworfene Bemerkungen der Entschuldigung. Wiedergutmachung ist ein kreativer Prozeß, eine Persönlichkeits- und Sozialleistung, die eine mühsame psychische und soziale Geständnis- und Trauerarbeit beim Täter verlangt und durch die er seine Verantwortung für seine Tat vor dem Opfer und vor der Gesellschaft

---

[149] Die von *Peter Rieß* (Die Rechtsstellung des Verletzten im Strafverfahren. München 1984, 108/109) dagegen vorgebrachten Argumente folgen aus dem traditionellen Strafrechtsverständnis. Strafrecht und Strafverfahren sind aber gerade nach viktimologischen Erkenntnissen umzubauen.

[150] So auch *Claus Roxin:* Zur Wiedergutmachung als einer "dritten Spur" im Sanktionensystem. In: Gunther Arzt/Gerhard Fezer/Ulrich Weber/Ellen Schlüchter/Dieter Rössner (Hrsg.): Festschrift für Jürgen Baumann. Bielefeld 1992, 243–254; *Roxin:* Zur neueren Entwicklung der Kriminalpolitik. In: Michael Stolleis (Hrsg.): Die Bedeutung der Wörter. Studien zur europäischen Rechtsgeschichte. München 1991, 341–356; vgl. auch *Klaus Lüderssen:* Abschaffen des Strafens? Frankfurt/Main 1995, 22–73.

[151] United Nations, General Assembly: Declaration of Basic Principles of Justice for Victims of Crime and Abuse of Power. In: M. Cherif Bassiouni (Hrsg.): International Protection of Victims. Syrakus 1988, 201–205.

[152] Council of Europe: The Position of the Victim in the Framework of Criminal Law and Procedure. Strasbourg 1985.

übernimmt[153]. Durch Wiedergutmachung, durch die Heilung des kriminellen Konflikts, durch Friedensstiftung zwischen Täter, Opfer und Gesellschaft, wird Rechtstreue eingeübt und Rechtsbewußtsein in der Gesellschaft gestärkt[154]. Die geistig-seelische Auseinandersetzung mit der psychosozialen Verletzung der Person des Opfers ist eine sozial konstruktive Leistung, die innere Betroffenheit zu schaffen in der Lage ist[155]. Wiedergutmachung ist ein Prinzip, das Täter, Opfer und Gesellschaft billigen[156] und durch das alle Beteiligten gewinnen.

2. Opfer als Rechtssubjekt im Strafverfahren

Das einseitige autoritative Zur-Verantwortung-Ziehen des Angeklagten durch den Staat reicht im Strafverfahren nicht mehr aus. Die Verstaatlichung des Strafverfahrens muß durch seine Demokratisierung ergänzt werden. Die autoritative Verdachtklärung schließt ein Vordringen zu den Deliktsursachen weitgehend aus; sie führt nur zu einer plakativen, deklaratorischen Bestätigung der Normgeltung. Um die Flut der Kriminalität einzudämmen, muß das Strafverfahren einerseits das Erkennen krimineller Krisen- und Konfliktherde ermöglichen; es muß andererseits die Bildung eigenständigen, von innen gesteuerten Rechtsbewußtseins zum Ziele haben. Beide Verfahrenszwecke setzen voraus, daß Täter und Opfer Rechtssubjekte im Strafverfahren werden. Es geht nicht nur darum, dem Opfer Schutz- und Abwehrrechte einzuräumen. Um die Objektstellung des Verbrechensopfers im Strafverfahren aufzuheben, wird man nicht daran vorbeikommen, ihm ein Stück weit Prozeßmitsteuerungsrechte zu geben. Hierfür wird man auch Prozeßgrundlagen ändern müssen. Dem Verbrechensopfer müssen im Strafverfahren beispielsweise die folgenden Rechte zugestanden werden:

– Ein uneingeschränktes Frage- und Rederecht ist der Kern der Rechtsstellung, die dem Opfer die Möglichkeit zur Darstellung und Verteidigung seiner Sicht des Tatgeschehens und seiner strafrechtlichen Beurteilung gibt[157].

---

[153] Arbeitskreis deutscher, österreichischer und schweizerischer Strafrechtslehrer: aaO. (Fn. 7), 1992, 25; *Hans Joachim Schneider:* Viktimologie. In: Rudolf Sieverts/Hans Joachim Schneider (Hrsg.): Handwörterbuch der Kriminologie. 2.Aufl., Band 5. Berlin, New York 1991, 405–425, bes. 418.

[154] Arbeitskreis deutscher, österreichischer und schweizerischer Strafrechtslehrer: aaO. (Fn. 7), 31; *Hans Joachim Schneider:* aaO. (Fn. 153), 1991, 418.

[155] *Claus Roxin:* Die Wiedergutmachung im System der Strafzwecke. In: Heinz Schöch (Hrsg.): Wiedergutmachung und Strafrecht. München 1987, 37–55.

[156] *Michael C. Baurmann/Wolfram Schädler:* aaO. (Fn. 135), 1991, 279/280; *Michael Kilchling:* aaO. (Fn. 138), 1995, 463, 680; *Klaus Sessar:* aaO. (Fn. 131), 1992.

[157] *Thomas Weigend:* Deliktsopfer und Strafverfahren. Berlin 1989, 511.

– Durch ein Beweisthemenverbot ist sein Ansehen zu schützen. Denn es sieht sich immer wieder Fragen zu seinem Intimbereich ausgesetzt, die schon durch Ton und Formulierung ehrverletzend wirken.

– Ein Ermittlungsbericht („Victim Impact Statement")[158] setzt das Gericht über die psychosozialen Verletzungen sowie die körperlichen und finanziellen Schäden in Kenntnis, unter denen das Opfer infolge der Tat zu leiden hat.

– In einem Schlußvortrag wird dem Opfer Gelegenheit gegeben, zum Tatgeschehen und zur Strafzumessung Stellung zu nehmen[159].

Die Möglichkeit, seine Meinungen und Sorgen dem Gericht darzulegen, wird wesentlich zur Urteilszufriedenheit des Opfers beitragen. Denn nach neuesten rechtspsychologischen Forschungsergebnissen[160] ist für die Urteilszufriedenheit der Verfahrensbeteiligten nicht der Prozeßausgang, sondern die beobachtete Prozeßkontrolle entscheidend. Es kommt darauf an, ob die Verfahrensbeteiligten ausreichend Gelegenheit hatten, ihren Standpunkt einzubringen, ihrer Sichtweise „Stimme" zu verleihen. Für die wahrgenommene Verfahrensgerechtigkeit ist wesentlich, den Verfahrensbeteiligten das Gefühl zu vermitteln, daß das Gericht vertrauenswürdig und wohlwollend, unparteiisch und nicht diskriminierend ist und daß es die Verfahrensbeteiligten als vollwertige Mitglieder der Gesellschaft betrachtet. Weil Menschen in Strafverfahren gesellschaftlicher Autorität begegnen, ist es für ihr Selbstwertgefühl bedeutsam, daß ihnen Respekt entgegengebracht wird und daß sie mit Würde behandelt werden.

3. Ausgleichs- und Schlichtungsverfahren

In der Deklaration der Vereinten Nationen[161] spielt das informelle Ausgleichs- und Schlichtungsverfahren eine große Rolle. Das formelle Strafverfahren schafft Distanz[162]. Das informelle Ausgleichs- und Schlichtungsverfahren vermittelt demgegenüber soziale Nähe; es stellt eine Lernerfahrung der Konfliktlösung dar; es stärkt die informelle Kontrolle. Mit den gesellschaftlichen Gerichten, den Konflikt- und Schiedskommissionen der ehemaligen Deutschen Demokratischen Republik darf das Mediationsver-

---

[158] *Chris J. Sumner:* Victim Participation in the Criminal Justice System. In: Australian and New Zealand Journal of Criminology. 20 (1987), 195–217.

[159] *Thomas Weigend:* aaO. (Fn. 157), 1989, 513.

[160] *E. Allan Lind:* Verfahrensgerechtigkeit und Akzeptanz rechtlicher Autorität. In: Günter Bierbrauer/Walther Gottwald/Beatrix Birnbreier-Stahlberger (Hrsg.): Verfahrensgerechtigkeit. Köln 1995, 3–19.

[161] United Nations, General Assembly: aaO. (Fn. 151), 1988, 203.

[162] *Detlev Frehsee:* Schadenswiedergutmachung als Instrument strafrechtlicher Sozialkontrolle. Berlin 1987, 129.

fahren nicht verwechselt[163] werden. Diese Kommissionen dienten nicht der einvernehmlichen Konfliktregulierung, sondern der Mobilisierung einer möglichst großen Zahl von Bürgern für die Ziele der kommunistischen Partei. Beim Ausgleichs- und Schlichtungsverfahren, durch das Neutralisations- und Verdrängungsstrategien des Täters durchkreuzt werden, stehen Gespräch und Verhandlung mit dem Ziel der Problemlösung für die Zukunft im Mittelpunkt[164]. Bevor der Staat den Konflikt in einem zwar formalisierten und rechtsstaatlichen, aber doch gewaltsamen, ritualisierten Verfahren entscheidet, muß er versuchen, den Konflikt mit den und durch die Beteiligten friedlich zu lösen. Nur durch die Einübung friedlicher Konfliktregulierung mit Hilfe des Staates in gesellschaftlichen und zwischenmenschlichen Lernprozessen wird der Bürger überzeugt, wird von innen gesteuertes Rechtsbewußtsein geschaffen und gestärkt. Beim Mediationsverfahren setzen sich Täter und Opfer an einen Tisch und versuchen, unter Leitung und Vermittlung eines Richters und unter Mithilfe des Staatsanwalts, des Verteidigers und eventuell eines Sachverständigen in einem informellen Verfahren ihren Konflikt selbst zu lösen[165]. Das Verfahren endet mit einem für alle Beteiligten verbindlichen Schiedsspruch oder einem Vergleich. Man hat ein solches Verfahren für verschiedene Deliktskategorien vorgeschlagen, die alle eine Gemeinsamkeit besitzen, daß sie nämlich durch das formelle Strafverfahren nicht wirksam kontrolliert werden können.

Straftaten zwischen Personen im sozialen Nahraum, z. B. Frauen- und Kindesmißhandlung, Vergewaltigung in der Ehe, sexueller Mißbrauch an Kindern, werden deshalb so selten angezeigt, weil das Opfer vom Täter abhängig ist, weil es auf ihn Rücksicht nehmen will oder muß, weil der Rechtsbrecher durch das Strafverfahren ungewöhnlich stark stigmatisiert wird und weil sich nach einem solchen formellen Verfahren, das mit einer Verurteilung abschließt, in der Regel die Familie auflöst. Da das Opfer gleichwohl schwere psychische Schäden davontragen kann, die sich auch verbrechensverursachend auswirken können, kann die soziale Verdrängung durch eine Nichtkenntnisnahme solcher Delikte in der Gesellschaft nicht einfach hingenommen werden. Das Ausgleichs- und Schlichtungsverfahren bietet sich hier an, weil es auf die Wiederherstellung zwischenmenschlicher Beziehungen gerichtet ist und mit einem Schiedsspruch oder Vergleich endet, der die Kontrolle der kriminellen Konflikte unter Betreu-

---

[163] *Thomas Weigend:* aaO. (Fn. 157), 1989, 250.

[164] *Mark S. Umbreit:* Mediating Conflict Among Victims and Offenders. In: Michael Tonry/Kate Hamilton (Hrsg.): Intermediate Sanctions in Overcrowded Times. Boston 1995, 56–58.

[165] Vgl. dazu auch die Beiträge in: Heinz Messmer/Hans-Uwe Otto (Hrsg.): Restorative Justice on Trial. Pitfalls and Potentials of Victim-Offender Mediation. Dordrecht, Boston, London 1992.

ung und Beaufsichtigung der Familie und der Personen im sozialen Nahraum durch Sozialdienste vorsieht[166].

Kleinkriminalität, z. B. Laden- und Fahrraddiebstähle, Diebstähle aus Kraftfahrzeugen oder leichte Sachbeschädigungen (Vandalismus), liegt häufig im Dunkelfeld der nicht bekanntgewordenen, verborgen gebliebenen Straftaten. Man versucht in der Bundesrepublik weitgehend erfolglos, sie im Wege des Strafbefehlsverfahrens oder der Einstellung des Strafverfahrens durch die Staatsanwaltschaft – mit oder ohne Anordnung einer Auflage – wegen Geringfügigkeit der Schuld des Rechtsbrechers zu kontrollieren, um sie nicht durch Täterstigmatisierung zur Einstiegsdelinquenz für Jugendliche werden zu lassen. Diese Einstellungspraxis ist kritisiert worden, weil sie das Legalitätsprinzip verletzt, weil die Staatsanwaltschaft rechtsprechende Gewalt ausübt, weil die Einstellungsverfahren keine spezial- und generalpräventive Wirkung entfalten, sondern vielmehr das Rechtsbewußtsein der Bevölkerung negativ beeinflussen und zu Selbstjustiz führen können[167]. Auch diese Kleinkriminalität kann durch ein Ausgleichs- und Schlichtungsverfahren besser kontrolliert werden, weil es den genannten Einwänden Rechnung trägt, weil es den Rechtsbrecher nicht brandmarkt, gleichwohl aber das Gebiet der Kleinkriminalität strafrechtlich besetzt hält und zur Bildung von Normbewußtsein beiträgt.

Schließlich eignet sich die Wirtschafts- und Umweltkriminalität für das Ausgleichs- und Schlichtungsverfahren, wenn sie von Unternehmen begangen wird, die durch ihre Straftaten eine große Zahl von Verbrechensopfern schädigen[168]. Denn für die Reaktion auf solche Rechtsbrüche ist das formelle Strafverfahren zu langsam, zu zeitaufwendig und zu unflexibel. Bei der Unternehmenskriminalität sind Tat und Täter, nämlich das Unternehmen, leicht feststellbar. Nur die individuelle strafrechtliche Verantwortlichkeit innerhalb des Unternehmens ist schwierig zu ermitteln. Geld- und kurze Freiheitsstrafen gegen leitende Angestellte des Unternehmens, das die Wirtschafts- und Umweltkriminalität begangen hat, sind spezial- und generalpräventiv unwirksam. Es ist deshalb wirkungsvoller, das Unternehmen selbst verantwortlich zu machen und es zur vollen Wiedergutmachung zu verpflichten[169]. Diese Schadenswiedergutmachung ist bei Unter-

---

[166] *Ursula Schneider:* Körperliche Gewaltanwendung in der Familie. Berlin 1987.

[167] *Hans Joachim Hirsch:* Zur Behandlung der Bagatellkriminalität in der Bundesrepublik Deutschland. In: Zeitschrift für die gesamte Strafrechtswissenschaft. 92 (1980), 218–254.

[168] *Hans Joachim Schneider:* Economic Crime and Economic Criminal Law in the Federal Republic of Germany. In: United Nations Asia and Far East Institute for the Prevention of Crime and the Treatment of Offenders (Hrsg.): Report for 1986 and Resource Material Series No. 31. Tokyo 1987, 128–158, bes. 155.

[169] *John Braithwaite:* Corporate Crime in the Pharmaceutical Industry. London, Boston, Melbourne, Henley 1984, 292, 318, 380. Vgl. auch *Marshall B. Clinard:* Corporate Crime. New York, London 1980.

nehmensdelikten in der Regel so teuer, daß sie für sich allein abschreckend wirkt. Die Feststellung individueller Schuld von Einzeltätern innerhalb des Unternehmens ist demgegenüber ein stumpfes Schwert bei der Kontrolle der Umwelt- und Wirtschaftskriminalität, die durch Unternehmen verübt wird; den unzähligen Opfern solcher Straftaten bringt sie nichts.

4. Wiedergutmachung als Strafvollzugsziel

Im deutschen Strafvollzugsgesetz aus dem Jahre 1976[170] wurde die Opferperspektive völlig ausgeklammert. Man glaubte, durch täterzentrierte Behandlung die Sozialisationsdefizite des Strafgefangenen beheben zu können. Man erkannte freilich nicht, daß es zur Bildung seines Rechtsbewußtseins und des Rechtsbewußtseins der Bevölkerung darauf ankommt, daß sich der Strafgefangene mit seiner Tat geistig und seelisch auseinandersetzt. Man ging und geht sogar davon aus, die Wiedergutmachung des Opferschadens werde den Strafgefangenen unangemessen belasten und seine Resozialisierung behindern, wenn nicht gar unmöglich machen. In vielen Gesprächen mit Strafgefangenen im In- und Ausland ist immer wieder deutlich geworden, daß sie von ihrem Opfer so gut wie nichts wußten und daß sie ihre Straftat durch die bloße Strafverbüßung in der Strafanstalt als erledigt ansahen. Mit Zeitablauf war die Erinnerung an die Tat verblaßt. Eine solche Erinnerung wurde als unerwünschte psychische Belastung angesehen. Materielle und immaterielle Wiedergutmachung galt und gilt als „Doppelbestrafung"[171]. Diese Auffassung, die man mitunter auch bei Strafvollzugsbediensteten antrifft, verkennt, daß eine Resozialisierung durch täterzentrierte Behandlung allein nicht geleistet werden kann, so notwendig eine solche Behandlung auch sein mag. Die Bevölkerung wird es auf Dauer nicht akzeptieren, daß im Anstaltsstrafvollzug nur dem Täter geholfen werden soll. Das Strafvollzugsziel ist deshalb neu zu definieren:
– Der Strafgefangene darf im Anstaltsstrafvollzug keinen persönlichen Degradierungen unter dem Vorwand des „Schuldausgleichs" und der „Sühne" ausgesetzt werden, weil er solche Demütigungen verinnerlicht und weil durch solche Degradierungen sein ohnehin vermindertes Selbstwertgefühl noch geschwächt und zu einem kriminellen Selbstbild verfestigt wird.
– Im Strafvollzugsziel ist allerdings klarzustellen, daß die „Einsicht des Gefangenen in seine Verantwortung für die Tat, insbesondere für die beim

---

[170] Gesetz über den Vollzug der Freiheitsstrafe und der freiheitsentziehenden Maßregeln der Besserung und Sicherung vom 16. März 1976; BGBl. I 581–612.
[171] *Horst Schüler-Springorum* (Kriminalpolitik für Menschen. Frankfurt/Main 1991, 234/235) macht geltend, daß eine Opfernovelle zum Strafvollzugsgesetz zum Mißbrauch einlädt. Bei richtigem Verständnis des am Wiedergutmachungsgedanken orientierten Strafvollzugsziels ist ein solcher Mißbrauch ausgeschlossen.

Opfer verschuldeten Tatfolgen", geweckt und „durch geeignete Maßnahmen des Ausgleichs vertieft werden"[172] soll. Der Strafgefangene muß wissen, daß sein kriminelles Verhalten einerseits von der Gesellschaft nicht hingenommen werden kann, daß man ihn andererseits aber nicht für einen minderwertigen Menschen hält, sondern daß man davon ausgeht, daß er in Zukunft zu prosozialem Verhalten fähig und bereit sein wird.

— Der Strafgefangene ist zu einem „wiedereingliederndem Schämen"[173] hinzuführen. Ausgliederndes Schämen trennt den Strafgefangenen durch stigmatisierende, degradierende Formen der sozialen Ablehnung von seiner Gemeinschaft und behandelt ihn als Ausgestoßenen. Beim wiedereingliedernden Schämen, der einschließenden, einbeziehenden Reaktion, der Normalisierung, wird die Straftat zwar verurteilt, der Strafgefangene wird aber wieder mit seiner Gemeinschaft versöhnt.

Die Wiedergutmachung als Strafvollzugsziel erschwert die Prisonisierung und die kriminelle Subkulturbildung in der Strafanstalt. Das Bemühen des Strafgefangenen um Wiedergutmachung kann tatbedingte psychosoziale Verletzungen des Opfers lindern. Durch die Einsicht des Strafgefangenen in die bei seinem Opfer von ihm verschuldeten Tatfolgen lernt er, den Täter-Opfer-Konflikt aufzuarbeiten und seelisch zu verarbeiten. Seine Eigenverantwortlichkeit wird betont. Er stellt sich seinen sozialen Pflichten und befreit sich damit selbst von seiner Schuld. Die Sensibilisierung des Strafgefangenen für die von ihm verschuldeten Opferschäden darf allerdings nicht mit einer Rückkehr zu einer vergeltenden Vollzugsgestaltung verwechselt werden. Sie hat mit der dauernden ihn persönlich abwertenden Wiederholung des Schuldvorwurfs nichts gemein. Sie stellt vielmehr eine notwendige Erweiterung, Fortentwicklung und Vervollständigung des Behandlungsgedankens dar.

Für die materielle Wiedergutmachung ist zwar auf Dauer und langfristig die Zahlung eines leistungsgerechten Arbeitsentgelts an den Strafgefangenen anzustreben, damit er seine Schulden begleichen und volle Wiedergutmachung erbringen kann. Aber auch die volle materielle Wiedergutmachung ist nicht immer und unbedingt notwendig. Häufig kommt es dem Verbrechensopfer allein darauf an, daß der Strafgefangene seinen guten Willen zeigt. Die immaterielle Aussöhnung zwischen Täter und Opfer ist bedeutsamer und zugleich schwieriger. Nicht jedes Verbrechensopfer ist gesprächsbereit und fähig zu einem Gespräch mit dem Täter. Hier ist ein symbolischer Täter-Opfer-Ausgleich, eine symbolische Aussöhnung ausreichend, die z. B. dadurch erreicht werden kann, daß der Straf-

---

[172] Arbeitskreis deutscher, schweizerischer und österreichischer Strafrechtslehrer: aaO. (Fn. 7), 1992, 8, 93/94; *Hans Joachim Schneider:* aaO. (Fn. 153), 1991, 420/421.

[173] *John Braithwaite:* Crime, Shame, and Reintegration. Cambridge, New York, New Rochelle, Melbourne, Sydney 1989.

gefangene sich nicht mit seinem eigenen Opfer zu Gesprächen trifft, sondern daß er in Gesprächsgruppen von Strafgefangenen mit gesprächsbereiten Verbrechensopfern die Kriminalität und ihre Folgen aus der Sicht der Opfer kennenlernt.

5. Opferhilfs- und -behandlungsprogramme

Verbrechensopfer sind durch Gewalt- und Vermögensdelikte psychosozial geschädigt. Sie bedürfen der Hilfe, und sie streben nach psychosozialer Unterstützung. Eine moderne Kriminalpolitik kann ihnen diese Unterstützung nicht verweigern. Es muß in der Bundesrepublik vielmehr ein Netz professioneller, staatlicher Opferhilfs- und -behandlungszentren aufgebaut werden[174]. Die Diagnose und Therapie psychosozialer und psychosomatischer Traumen, die durch die Viktimisierung hervorgerufen worden sind, muß in der psychologischen und medizinischen Ausbildung eine wesentlich größere Rolle spielen. Die Juristen und Sozialarbeiter müssen mit viktimologischen Kenntnissen ausgestattet werden, damit sie auf Verbrechensopfer angemessen reagieren können. Opferhilfs- und -behandlungsprogramme sind erforderlich, um die Reviktimisierung zu vermeiden und um die psychosoziale und psychosomatische Traumatisierung der Viktimisierung zu heilen. Nicht nur Gründe einer humanen und gerechten Kriminalpolitik sprechen dafür, das Opfer nicht mehr mit den Verletzungen allein zu lassen, die es als Sonderleistung für die Kriminalitätskontrolle erbracht hat. Viele Opfer sind durch ihre Viktimisierung in ihrem Selbstkonzept so schwer getroffen, daß sie in einem Prozeß der erlernten Hilflosigkeit dazu neigen, wegen ihrer Selbstbehauptungsschwäche von Kriminellen erneut zum Opfer ausgewählt zu werden (Opferverwundbarkeit). Andere Opfer wiederum tendieren dazu, ihre unbehandelte Traumatisierung derartig psychisch fehlzuverarbeiten, daß sie nicht unwesentlich zur Verbrechensentstehung beiträgt.

Krisenintervention ist für viele Verbrechensopfer zur Behebung ihrer psychischen und sozialen Schäden nicht ausreichend. Spontanrückbildung solcher Schäden tritt durch Zeitablauf keineswegs in der Mehrheit der Fälle ein. Die Viktimisierung greift nicht selten tiefgründig in den laufenden Prozeß des Funktionierens und der Entwicklung der Persönlichkeit ein. In einem Prozeß des Trauerns über erlittene Einbußen müssen Verbrechensopfer bemüht sein, ihre Unabhängigkeit, ihr Selbstvertrauen, ihre Selbstachtung und ihr Selbstwertgefühl wiederzuerlangen, ihre gestörten zwischenmenschlichen Beziehungen wiederherzustellen und ihren selbst-

---

[174] So *Michael C. Baurmann/Wolfram Schädler:* aaO. (Fn. 135), 1991, 286; dagegen *Thomas Weigend:* aaO. (Fn. 157), 1989, 440. Er will die Opferhilfe privater Philanthropie, der "Viktimophilie" überlassen.

zerstörerischen Tendenzen zu begegnen. Verdrängungs-, Ausweich- und Vermeidungsverhalten tragen nichts zur Heilung der psychischen Traumen bei. Problem-Vermeidung und sozialer Rückzug erschweren im Gegenteil die Genesung. Vermeidungsstrategien wie „Zu-Hause-Bleiben" und „Sich-Zurückziehen" haben negative Wirkungen. Psycho- und Organneurosen sind Ergebnisse einer unangemessenen emotionalen Verarbeitung der Viktimisierung, durch die das Opfer seinen Kontrollverlust, seine elementare Hilflosigkeit und seine soziale Isolation erlebt hat. In dieser widerwilligen Situation hat es erfahren müssen, daß all seine Bemühungen keine Wirkung auf die Leiden hatten, die der Täter ihm zufügte. Durch verschiedene Behandlungsmethoden muß sich das Opfer systematisch der traumatischen Erinnerung in einer sicheren und verständnisvollen Umgebung stellen und Gefühle der Selbstbeschuldigung und der Stigmatisierung mit der Methode der kognitiven Umstrukturierung überwinden.

– Selbstbehauptungs-Training und unterstützende Gruppentherapie gehören zu den traditionellen Behandlungsformen. Im Selbstbehauptungs-Training werden die Durchsetzungsfähigkeit und der Selbstbehauptungswille des Verbrechensopfers gestärkt. Die Gruppentherapie trägt dazu bei, daß sich Verbrechensopfer durch die Mitteilung ihrer Erfahrungen wechselseitig unterstützen. Die Gruppe strebt danach, die Viktimisierung und die verfehlten Reaktionen auf sie seelisch zu verarbeiten. Die Erinnerung an die Viktimisierung wird wachgerufen, und eine wirksame, erkenntnismäßige Verbesserung wird in die Erinnerungsstruktur eingefügt.

– Die systematische Desensibilisierung dient der emotionalen Verarbeitung der Viktimisierung. In sicherer, entspannter Atmosphäre müssen die Opfer in ihrer Vorstellung die Tat mit all ihren Emotionen und Befürchtungen erneut durchleben, die sie während ihrer Viktimisierung gehabt haben. Das Verbrechensopfer erhält die Unterweisung, sich die Angriffsszene so lebensnah wie möglich vorzustellen, sie laut in der Gegenwartszeitform zu beschreiben und seine Gefühle und Ängste auszudrücken.

– Die kognitive Umstrukturierung hilft Verbrechensopfern, Erkenntnisverzerrungen wahrzunehmen und psychisch zu verarbeiten. Bestimmte beharrliche Vorstellungen (Opferneutralisationen)[175] können für Angst und Depression anfällig machen. Die Grundannahme dieser Behandlungsform besteht darin, daß es individuelle Erkenntnisse gibt, die durch verzerrte Glaubenssätze über die Welt gefiltert werden. Das Verbrechensopfer kann sich z. B. auf verzerrte Wahrnehmungen über seine Unzulänglichkeit, über seine Unfähigkeit und über seine Hilflosigkeit stützen. Es kann den Gedanken haben, daß es für seine eigene Viktimisierung verantwort-

---

[175] *Robert S. Agnew:* Neutralizing the Impact of Crime. In: Criminal Justice and Behavior. 12 (1985), 221–239.

lich ist, und es kann sich als Ergebnis des Angriffs als wertlos vorkommen. Kognitive Techniken helfen ihm, solche verzerrten Glaubenssätze zu erkennen und an der Realität zu messen.

IX. Kriminalpolitik der Makro- oder Megakriminalität

A. Kriminalpolitische Eigenart der Makro- oder Megakriminalität

Auf die Viktimisierung durch Makro- oder Megakriminalität müssen andere kriminalpolitische Maßnahmen ergriffen werden, als sie bisher für die (traditionelle) „Alltags- und Straßenkriminalität" erörtert worden sind. Unter Makro-[176] oder Megakriminalität[177] versteht man Großformen des Verbrechens, die von legalen oder illegalen Unternehmen ausgeführt werden, die der Aufrechterhaltung und Erweiterung gesellschaftlicher und wirtschaftlicher Macht dienen und durch die größerer materieller und immaterieller Schaden angerichtet wird als durch die konventionelle Alltags- und Jedermannskriminalität. Es geht um institutionelle Viktimisierung, um Opferwerden durch eine Institution, eine Einrichtung, die nach bestimmten Regeln des Arbeitsablaufs und der Aufgabenverteilung auf zusammenarbeitende Mitarbeiter bestimmte Aufgaben erfüllt. Eine große Zahl von Menschen wird viktimisiert, die sich ihres Opferwerdens nicht bewußt werden („normatives Dunkelfeld")[178]. Sie kennen Art und Umfang ihrer Viktimisierung und ihre Rolle nicht, die sie im kollektiven Viktimisierungs-Prozeß spielen. Makro- oder Megakriminalität bleibt häufig im Dunkelfeld verborgen. Gleichwohl handelt es sich um keine Straftaten ohne Opfer[179]. Kriminalität der Mächtigen[180], die durch Internationalität, durch Arbeits- und Kompetenzteilung, durch Distanz zwischen Täter und Opfer gekennzeichnet ist und die sich nicht auf eine Generation beschränkt, beunruhigt die Masse der Bevölkerung (die Machtunterworfenen) wenig. Sie hat gegenüber der Megakriminalität eine ambivalente, zwiespältige Einstellung. Einerseits hat sie im Sozialisationsprozeß Respekt vor den Mächtigen gelernt. Andererseits nimmt ihre Empfindlichkeit gegenüber Straftaten

---

[176] *Herbert Jäger* (Versuch über Makrokriminalität. In: Strafverteidiger. 8 (1988), 172–179 und in: Makrokriminalität. Frankfurt/Main 1989) begrenzt die „kollektive Destruktivität" allerdings auf Phänomene wie „Genozid, Kriegsverbrechen, Staatsterrorismus und nukleare Massenvernichtung".

[177] Vgl. *Horst Schüler-Springorum:* aaO. (Fn. 171), 1991, 235–251.

[178] *Herbert Jäger:* aaO. (Fn. 176), 1988, 174.

[179] So auch *Luis Rodriguez Manzanera:* Victimologia. Mexico 1988, 71.

[180] Vgl. *Otto Triffterer:* Kriminologische Erscheinungen des Machtmißbrauchs und Möglichkeiten ihrer Bekämpfung. In: Zeitschrift für Rechtsvergleichung, internationales Privatrecht und Europarecht. 32 (1991), 184–210; 262–287.

der Mächtigen ständig zu[181]; ihr Vertrauen in öffentliche und private Institutionen schwächt sich fortwährend ab.

Zur mangelnden sozialen Sichtbarkeit der Straftaten der Mächtigen tragen die Massenmedien bei, nach deren Kriminalitäts-Darstellung das Verbrechen nicht innerhalb der Machthierarchie der Gesellschaft entsteht, sondern der Gesellschaft „von außen", durch Fremde angetan wird (Verbrechen-auf-Distanz-Phänomen). Eine strafrechtliche Verantwortlichkeit von legalen und illegalen Unternehmen kann sich der Bürger deshalb kaum vorstellen. Schuld und Verantwortlichkeit verbindet er mit natürlichen Personen. Es ist aber gerade das Unternehmen, die legale oder illegale Organisation, die ihre Macht in krimineller Weise mißbraucht. Aus diesem Grunde muß die Organisation strafrechtlich verantwortlich gemacht werden. Die Kriminaljustiz muß sich stärker auf Megakriminalität konzentrieren und Unternehmenskriminelle aus folgenden Gründen konsequenter bestrafen[182]:

– Viktimisierung durch Unternehmen („Corporate Victimization") wird in Zukunft wachsen[183].

– Megakriminalität ist durch die Kriminaljustiz besser kontrollierbar als traditionelle Straftaten[184].

– Das Vertrauen in die Institutionen, die Vertrauenswürdigkeit der „Eliten", muß bei der Bevölkerung durch strikte Anwendung des Strafrechts aufrecht erhalten oder wiederhergestellt werden. Dem Vertrauensschwund, der sich kriminogen in der Bevölkerung auswirkt, muß von seiten der Kriminaljustiz entgegengetreten werden.

– Eine Kriminologie, die auf das Individuum fixiert bleibt, ist eine Kriminologie einer vergangenen Epoche[185]. Sie vermag den modernen sozialstrukturellen Erfordernissen in keiner Weise Rechnung zu tragen.

---

[181] *F. David Evans/Francis T. Cullen/Paula J. Dubeck:* Public Perceptions of Corporate Crime. In: Michael B. Blankenship (Hrsg.): Understanding Corporate Criminality. New York, London 1993, 85–114.

[182] *Peter Grabosky/Adam Sutton:* Introduction. In: Peter Grabosky/Adam Sutton (Hrsg.): Stains on a White Collar. Annadale/Australien 1989, XV.

[183] *Marvin Wolfgang:* The Future of Crime, Criminology, and Corrections. In: Edward M. Wise (Hrsg.): Criminal Justice in a Global Society: Essays in Honor of Gerhard O.W. Mueller. Littleton/Col. 1994, 285–290, bes. 287.

[184] *John Braithwaite/Gilbert Geis:* On Theory and Action for Corporate Crime Control. In: Crime and Delinquency. 28 (1982), 292–314.

[185] *John Braithwaite:* aaO. (Fn. 173), 1989, 148.

B. Kriminalpolitik des Organisierten Verbrechens

1. Konstrukt des Organisierten Verbrechens

Die Verbrechervereinigung ist ein Strukturierungs- und Lernprozeß, an dem drei Gruppen beteiligt sind[186]:

– Die innere Kerngruppe hat sich zum Zwecke illegaler Dienstleistungen und der Herstellung, des Transports und der Verteilung illegaler Waren zusammengeschlossen. Sie nutzt Kriminalität, Gewalt und Korruptionsbereitschaft, um Macht und Profit zu erlangen und zu erhalten.

– Die mittlere Gruppe, die die Kerngruppe als Puffer umgibt, besteht aus Beschützern, Beratern und Förderern in Polizei, Justiz, Politik und Wirtschaft, die einzeln oder gemeinsam die Kerngruppe durch Mißbrauch ihres Status und ihrer Privilegien sowie durch Gesetzesverletzungen unterstützen.

– Durch die dritte, äußere Gruppe ist das Organisierte Verbrechen mit der Gesellschaft und mit ihren legalen Organisationen verbunden. Seine illegalen Gewinne werden in Geldinstituten, Spielkasinos und legalen Geschäften gewaschen und möglichst gewinnbringend in legalen Unternehmen angelegt.

Das kriminalpolitische Problem des Organisierten Verbrechens besteht darin, die Kerngruppe zu zerstören und ihre Verbindungungn zu ihrer Infrastruktur, zu ihrer mittleren und äußeren Gruppe, zu zerschlagen (organisationsorientierte Ermittlungs- und Kontrollstrategie).

2. Gesetzgebung in der Bundesrepublik

In den neunziger Jahren hat sich die Kriminalpolitik in Deutschland der Kontrolle des Organisierten Verbrechens zugewandt. Drei Gesetze sollen als Beispiele genannt werden.

Im „Gesetz zur Bekämpfung des illegalen Rauschgifthandels und anderer Erscheinungsformen der Organisierten Kriminalität" vom 15. Juli 1992[187] hat man im wesentlichen drei Problemkreise geregelt:

– Das Gericht kann neben einer lebenslangen oder einer zeitigen Freiheitsstrafe von mehr als zwei Jahren auf Zahlung eines Geldbetrages erkennen, dessen Höhe durch den Wert des Vermögens des Täters begrenzt ist (Vermögensstrafe).

– Aufgrund eines neuen Geldwäschetatbestandes kann die Verschleierung der Herkunft eines Gegenstandes, der aus einem Verbrechen eines an-

---

[186] President's Commission on Organized Crime: Report to the President and the Attorney General. The Impact: Organized Crime Today. Washington D.C. 1986, 25–32.
[187] BGBl. I 1302–1312.

deren herrührt, mit Freiheitsstrafe bis zu fünf Jahren oder mit Geldstrafe bestraft werden.

– Im Strafverfahren kann einem Belastungszeugen gestattet werden, seinen Wohnort nicht anzugeben, wenn er durch seine Aussage gefährdet ist. Ihm kann erlaubt werden, Angaben zur Person nicht oder nur über eine frühere Identität zu machen (Schutz Verdeckter Ermittler).

Nach dem „Verbrechensbekämpfungsgesetz" vom 28. Oktober 1994[188] werden das Einschleusen von Ausländern und die Verleitung zur mißbräuchlichen Asylantragstellung unter Strafe gestellt. Außerdem wird die Kronzeugenregelung bei organisiert begangenen Straftaten eingeführt. Nach dieser Regelung sichert die Staatsanwaltschaft einem Tatbeteiligten Straffreiheit oder eine mildere Bestrafung zu, um ihn als Hauptbelastungszeugen gegen seine Komplizen zu gewinnen.

Nach dem „Gesetz zur Verbesserung der Bekämpfung der Organisierten Kriminalität"[189] kann das in einer Wohnung nichtöffentlich gesprochene Wort des Beschuldigten mit technischen Mitteln abgehört und aufgezeichnet werden (akustische Wohnraum-Überwachung). Die optische Wohnraumüberwachung durch Anfertigung von Lichtbildern und Bildaufzeichnungen in Wohnungen zu Zwecken der Strafverfolgung bleibt unzulässig.

Die in diesen drei Gesetzen neu eingeführten Bestimmungen erlauben zwar eine wirksamere Bekämpfung des Organisierten Verbrechens. Gegenüber der Rechtslage in den Vereinigten Staaten[190] stellen sie allerdings nur zaghafte Versuche dar, die das Organisierte Verbrechen in seinem Kern nicht zu treffen vermögen:

– Aufgrund des Kontrollgesetzes gegen Geldwäscherei kann die Geldwäsche in den USA mit einer Geldstrafe in Höhe von 500.000 USDollar oder in Höhe des doppelten Wertes des gewaschenen Betrages und mit Freiheitsstrafe bis zu zwanzig Jahren geahndet werden.

– Die USA haben viel großzügigere Zeugenschutzprogramme, die den Zeugen durch Umsiedlung in geheime Rückzugsgebiete und Gewährung einer neuen Identität Sicherheit bieten.

– Die Kronzeugenregelung ist zwar in Italien wirksam angewandt worden[191]. Sie muß indessen mit einem effektiveren Zeugenschutzprogramm verbunden werden.

---

[188] BGBl. I 3186–3197.

[189] Deutscher Bundestag, Drucksachen 13/8650 und 13/8651.

[190] *Howard Abadinsky:* Organized Crime. 5. Aufl. Chicago 1997, 450–471; *Michael D. Lyman/Gary W. Potter:* Organized Crime. Upper Saddle River/N.J. 1997, 416–427.

[191] *Michele Polo:* Internal Cohesion and Competition among Criminal Organisations. In: Gianluca Fiorentini/Sam Peltzman (Hrsg.): The Economics of Organized Crime. Cambridge, New York, Melbourne 1995, 87–109.

– Zusammen mit dem Einsatz Verdeckter Ermittler („Undercover Agents")[192] ist die elektronische Gesprächsüberwachung ein nützliches Mittel zur Infiltration in die Verbrecherorganisation. Sie kann freilich durch verhältnismäßig einfache Gegenmaßnahmen, z. B. Verschlüsselung der Gespräche, ihre Verlegung ins Ausland, vereitelt werden.

Wegen des internationalen Charakters des Organisierten Verbrechens ist es nicht unbedenklich, wenn vergleichbare entwickelte Industriestaaten unterschiedliche kriminalpolitische Maßnahmen gegen das Organisierte Verbrechen ergreifen. Wird die Kriminalpolitik der verschiedenen Staaten nicht aufeinander abgestimmt, besteht die Gefahr, daß sich das Organisierte Verbrechen in den Ländern ausbreitet, die die liberalste Gesetzgebung und -anwendung haben. Eine wirksame Kontrolle der Verbrecherorganisationen macht einen starken Rechtsstaat erforderlich. Trifft der Rechtsstaat keine einschneidenden Maßnahmen gegen das Organisierte Verbrechen, wird die Unterwanderung seiner legalen Wirtschaft durch Verbrecherbanden die Folge sein. Sie werden dann aus legalen Wirtschaftspositionen heraus auf den Staat Einfluß nehmen und ihn durch Korrumpierung von Politikern zerstören. Man darf dem demokratisch legitimierten Rechtsstaat nicht die Instrumente verweigern, die er zu seiner Verteidigung benötigt. Sonst setzt man ihn mit dem Obrigkeitsstaat vergangener Epochen der deutschen Geschichte gleich.

3. Organisationsorientierte kriminalpolitische Strategie

Der größte Mangel der bisherigen deutschen Strafgesetzgebung gegen das Organisierte Verbrechen muß man darin sehen, daß diese Gesetzgebung immer noch eine individualistische, täterorientierte Ermittlungs- und Kontrollstrategie verfolgt. Man sollte aus den weiterreichenden Erfahrungen der Kriminaljustiz der USA lernen. Die zentralen Figuren des Organisierten Verbrechens anzuklagen und zu Freiheitsstrafen zu verurteilen, hat sich dort zum Zwecke der Kontrolle der Verbrecherbanden als erfolglos erwiesen. Denn ihre ökonomische Infrastruktur (Logistik) blieb intakt. Die organisierten Verbrecher waren im Strafvollzug nicht zu resozialisieren, weil sie Überzeugungstäter sind. Die kriminellen Organisationen arbeiteten mit neuen Zentralfiguren weiter. Wegen dieser Mißerfolge gab man die individualistische, täterorientierte Ermittlungs- und Kontrollstrategie auf. Bei der Ermittlung konzentriert man sich jetzt auf die Verbrecherorganisation und die Identifikation ihrer ökonomischen Infrastruktur. Man arbeitet auf zwei Ziele hin:

---

[192] *Gary T. Marx:* Undercover. Police Surveillance in America. Berkeley, Los Angeles, London 1988.

– Zerschlagung der kriminellen Organisation und ihrer Verflechtung mit der legalen Wirtschaft,
– rechtliche Trennung der Zentralfiguren des Organisierten Verbrechens von ihrer ökonomischen Infrastruktur.

Als Mittel zur Erreichung dieser beiden Ziele dient das Gesetz: „Racketeer Influenced and Corrupt Organizations Statute" (RICO) (Gesetz über verbrecherisch beeinflußte und korrupte Organisationen) von 1970, das seit dem Jahre 1982 voll angewandt wird und das seit Ende der 80er Jahre Erfolge zeitigt[193]. In einem einzigen Verfahren werden die gesamten unmittelbaren und mittelbaren kriminellen Aktivitäten einer Verbrecherorganisation und deren Unterstützung durch Berater und Helfer angeklagt und verurteilt. Das RICO-Statut macht die Verurteilung von drei Voraussetzungen abhängig:

– Es muß ein verbrecherisches Unternehmen, eine kriminelle Organisation festgestellt werden.
– Im Zusammenhang mit dieser kriminellen Organisation müssen zwei verbrecherische Handlungen begangen worden sein. Die erste Straftat muß nach 1970 verübt worden sein. Den zweiten Rechtsbruch muß man zehn Jahre nach der ersten Straftat begangen haben.
– Das kriminelle Unternehmen muß eine weitere Bedrohung durch fortgesetzte kriminelle Aktivität darstellen[194].

Beispiele für verbrecherische Handlungen nach dem RICO-Statut sind: Entführung, verbotenes Glücksspiel, Brandstiftung, Raub, Bestechung, Erpressung, Pornographie- und Rauschgifthandel, Falschgeldherstellung. Liegen die drei Voraussetzungen des RICO-Statuts vor, so können *alle* identifizierten Mitglieder der kriminellen Organisation und deren Helfer und Berater bestraft werden.

Beim Vorliegen der drei Voraussetzungen kommen die folgenden drei Sanktionen als Reaktionen in Frage:

– Ersatz des dreifachen Wertes des Schadens, den das Organisierte Verbrechen seinen Opfern zugefügt hat,
– Verlust (Einzug) des gesamten übriggebliebenen Vermögens der kriminellen Organisation und ihrer Mitglieder,
– Freiheitsstrafe bis zu 20 Jahren für organisierte Verbrecher.

Bereits vor dem Strafgerichtsverfahren können gerichtliche „Restraining Orders" (Einschränkungs-Anordnungen: Vermögenssperrung) strafrechtlicher und hauptsächlich zivilrechtlicher Art (wegen geringerer Beweisan-

---

[193] *Rudolph W. Giuliani:* Legal Remedies for Attacking Organized Crime. In: Herbert Edelhertz (Hrsg.): Major Issues in Organized Crime Control. Washington D.C. 1987, 103–130.
[194] *B.J. George:* Federal and State Legislation against Organized Crime in the United States. In: Edward M. Wise (Hrsg.): aaO. (Fn. 183), 1994, 235–262, bes. 240.

forderungen) erlassen werden, damit Vermögensverschiebungen durch das Organisierte Verbrechen vermieden werden.

C. Kriminalpolitik der Berufs- und Unternehmenskriminalität

1. Begriff, Erscheinungsformen, Schäden

Neben dem Organisierten Verbrechen gehören Berufs- und Unternehmensstraftaten zur Megakriminalität, die der Aufrechterhaltung und Erweiterung gesellschaftlicher und wirtschaftlicher Macht dient. Unter Unternehmens- oder Organisationskriminalität („Corporate Crime") versteht man das illegale Verhalten, das von Direktoren, Managern und Angestellten eines Unternehmens im Rahmen ihrer Beschäftigung und zum Nutzen des Unternehmens verübt wird[195]. Die Unternehmensstraftaten richten sich gegen die eigenen Angestellten des Unternehmens, z. B. durch Mißachtung von Arbeits- und Jugendschutzbestimmungen, oder gegen seine Konsumenten, z. B. durch Herstellung und Verkauf fehlerhafter Autos, Flugzeuge und gesundheitsgefährdender Nahrungsmittel und Medikamente. Verbrechensopfer der Wirtschaftsunternehmen können freilich auch ihre Wettbewerber sein: z. B. durch Wettbewerbs-, Urheberrechts- und Warenzeichenverstöße oder durch Bestechung in- und ausländischer Politiker zur Förderung des Absatzes ihrer Waren. Unternehmensstraftaten schädigen ferner die Umwelt: z. B. durch ihre Verschmutzung und Vergiftung, durch Luft- und Wasserverunreinigung. Schließlich können sich Unternehmen mit ihren Rechtsbrüchen gegen die Wirtschaftsordnung wenden, z. B. durch Subventionserschleichung. Sie können sich mit ihren Wettbewerbern zusammentun, um die soziale Marktwirtschaft zu untergraben, z. B. durch Wettbewerbs- und Preisabsprachen oder durch illegale Marktaufteilungen[196]. Die finanziellen und personellen Schäden, die durch Unternehmenskriminalität für Konsumenten, Mitarbeiter, Investoren, Gläubiger, Steuerzahler und Mitbewerber entstehen, übersteigen die Verluste, die durch die konventionelle Alltagskriminalität verursacht werden[197].

Berufskriminalität („Occupational Crime") ist jedes strafbare Verhalten, das während der Ausübung eines legalen Berufs begangen wird[198]. Als Bei-

---

[195] *John C. Coffee:* Corporate Criminal Responsibility. In: Leonard Orland (Hrsg.): Corporate and White Collar Crime: An Anthology. Cincinnati/Ohio 1995, 160–169.

[196] Vgl. zu den Erscheinungsformen der Unternehmens-Kriminalität: *David O. Friedrichs:* Trusted Criminals. White Collar Crime in Contemporary Society. Belmont, Albany, Bonn, Boston, Cincinnati, Detroit, London u.a. 1996, 65–95.

[197] *Laureen Snider:* The Politics of Corporate Crime Control. In: Frank Pearce/ Michael Woodiwiss (Hrsg.): Global Crime Connections. Houndmills/Basingstoke, London 1993, 212–239, bes. 212.

[198] *Gary S. Green:* Occupational Crime. 2. Aufl. Chicago 1997, 15.

spiele für Erscheinungsformen der Berufskriminalität sollen nur einige Straftaten der Mediziner genannt werden, die in den westlichen Industrienationen mit einem hohen Grad an Vertrauen und einem ungewöhnlichen Maß an Macht über Patienten ausgestattet sind. Ärzte haben eine Doppelrolle: Sie sollen einmal ihren Mitmenschen helfen, die unter Krankheiten leiden. In der kapitalistischen Gesellschaft sollen sie andererseits als Unternehmer Profit machen. Diesen sozialstrukturellen Widerspruch ihrer Berufsrolle lösen viele Mediziner zugunsten der Kommerzialisierung medizinischer Behandlung. Unnötige Operationen und Behandlungen werden durchgeführt. „Phantombehandlungen" werden den Krankenkassen in Rechnung gestellt. Ärzte übertreiben den Krankenkassen gegenüber den Umfang ihrer Behandlung; sie setzen ihre medizinischen Apparate unnötig ein[199].

2. Ursachen

Die Unternehmenskriminalität beruht nicht auf Persönlichkeitsstörungen der Unternehmens-Direktoren, -Manager und -Angestellten. Sie ist vielmehr auf sozialstrukturelle Mängel der Gesellschaft und der Unternehmen zurückzuführen. In den westlichen Gesellschaften herrscht die Ideologie monetären Erfolgs. Die wetteifernde, individualistische Verfolgung monetären Gewinns ist das ausschlaggebende Ziel, das nicht selten übertrieben wird. Die Bedeutung normativer Mittel, dieses Ziel zu erreichen, wird demgegenüber unterschätzt. Nichtökonomische Ziele, Positionen und Rollen sind in den westlichen Gesellschaften zugunsten ökonomischer Aktivität entwertet. Monetärer Erfolg wird mit allen Mitteln zu erreichen gesucht[200]. Derselbe sozialstrukturelle Mangel findet sich in kriminellen Unternehmen. Ein scheinbar unerträglicher Wettbewerbsdruck von außen bestimmt die gesamte Unternehmenskultur („Corporate Culture"): Verhaltensstile und Denkmuster[201]. Wenn Unternehmen glauben, ihre operativen Ziele nicht mit legalen Mitteln erreichen zu können, sind sie geneigt, illegale Praktiken anzuwenden, um dennoch zum Ziele zu kommen[202]. Denn der ökonomische Erfolg ist nicht nur wichtig für das Überleben und den Wohlstand des Unternehmens; er ist auch ein

---

[199] Vgl. zu den Erscheinungsformen der Berufs-Kriminalität der Ärzte: *David O. Friedrichs:* aaO. (Fn. 196), 1996, 102–105.

[200] *Steven F. Messner/Richard Rosenfeld:* Crime and the American Dream. 2. Aufl. Belmont, Albany, Bonn, Boston, Cincinnati, Detroit, London u. a. 1997.

[201] *Maurice Punch:* Dirty Business. Exploring Corporate Misconduct. London, Thousand Oaks, New Delhi 1996, 224.

[202] *Diane Vaughan:* The Challenger Launch Decision. Chicago, London 1996; *Diane Vaughan:* Controlling Unlawful Organizational Behavior. Social Structure and Corporate Misconduct. Chicago, London 1983.

Hauptindikator für das Unternehmens-Prestige. Ein unerträglicher Produktionsdruck läßt die Sicherheitsstandards außer acht[203]. Die Ressourcen werden knapp. Zuständigkeiten und persönliche Verantwortlichkeiten innerhalb des Unternehmens sind nicht klar abgegrenzt. Der Informationsfluß ist gestört; die Kommunikation bricht zusammen. Die Qualitätskontrolle wird defekt. Ein Autoritätsverlust tritt ein. Die Unternehmens-Kultur stellt ihren Angestellten Motive, Wünsche, Rechtfertigungen und Einstellungen (Neutralisationstechniken, kognitive Verzerrungen) zur Verfügung, die sie mit Definitionen versehen, die die Unternehmens-Kriminalität fördern. Illegales Verhalten wird für notwendig gehalten, um wettbewerbsfähig zu bleiben[204]. Verbrechensopfer, Mitarbeiter und Konsumenten, werden enthumanisiert[205]. Devianz normalisiert sich, wird zur Routine.

Die Ursachen der Berufskriminalität von Medizinern liegen nicht in der Psychopathie einzelner Ärzte[206], sondern in der mangelhaften medizinischen Organisations- und Berufsstruktur[207]. Man hat ein Abrechnungssystem ohne wirksame Kontrolle, insbesondere ohne jede Mitkontrolle der Patienten, geschaffen. Das Elite-, Autoritäts- und Machtbewußtsein zahlreicher Ärzte, das durch ihre medizinische Standesorganisation fortwährend bestätigt wird, und ihre materielle Begehrlichkeit, die gesellschaftlich geduldet, teilweise sogar unterstützt wird, lassen ihnen ihre Patientinnen und Patienten nicht so sehr als leidende Mitmenschen (hippokratischer Eid!), sondern als Objekte ihres finanziellen Gewinnstrebens erscheinen.

3. Strafrechtliche Unternehmens-Verantwortlichkeit

Es ist eine ausschlaggebende kriminalpolitische Frage, ob Individuen, Unternehmens-Direktoren, -Manager und -Angestellte, oder die Unternehmen selbst für Unternehmens-Kriminalität strafrechtlich verantwortlich gemacht werden. Dieses Problem ist streitig. Eine Auffassung

---

[203] *Diane Vaughan:* The Macro-Micro Connection in White-Collar Crime Theory. In: Kip Schlegel/David Weisburd (Hrsg.): White-Collar Crime Reconsidered. Boston 1992, 124–145, bes. 136.

[204] *Neal Shover/Kevin M. Bryant:* Theoretical Explanations of Corporate Crime. In: Michael B. Blankenship (Hrsg.): aaO. (Fn. 181), 1993, 141–176, bes. 158.

[205] *Peter Grabosky/Adam Sutton:* Conclusion. In: Peter Grabosky/Adam Sutton (Hrsg.): aaO. (Fn. 182), 1989, 239.

[206] Die Ursachen für die Berufskriminalität der Ärzte sind hier wiederum nur ein Beispiel. Über das medizinische Modell der Verursachung der Kriminalität der Ärzte vgl. *Paul Jesilow/Henry N. Pontell/Gilbert Geis:* Prescription for Profit. Berkeley, Los Angeles, London 1993, 191/192.

[207] So mit Recht *Paul R. Wilson:* Professional Crime: The Case of Doctors. In: Duncan Chappell/Paul Wilson (Hrsg.): The Australian Criminal Justice System: The Mid 1980s. Sydney, Melbourne, Brisbane, Adelaide u.a. 1986, 97–114.

neigt mehr dazu, die Schuld überwiegend bei den Individuen zu suchen[208]. Nach einer anderen Ansicht ist das Unternehmen selbst strafrechtlich haftbar[209]. Eine vermittelnde Meinung will die strafrechtliche Verantwortlichkeit auf Unternehmen und Individuen gleichzeitig verteilen[210]. Die folgende Ansicht ist richtig: Ein Unternehmen ist für die Straftaten seiner Angestellten dann strafrechtlich haftbar, wenn sie die Rechtsbrüche im Rahmen ihres Beschäftigungsverhältnisses und mit dem Vorsatz begangen haben, dem Unternehmen dadurch einen Vorteil zu verschaffen[211]. Hierfür sprechen folgende Gründe[212]:

– Unternehmen haben eine Persönlichkeit, eine Gruppen- oder Unternehmens-Persönlichkeit („Corporate Personality"), die sich von den Persönlichkeiten unterscheidet, durch die sie vertreten werden. Unternehmen existieren getrennt von ihren Eigentümern und Angestellten. Sie können als juristische Personen Geschäfte abschließen, Eigentum haben und übertragen, im eigenen Namen klagen und verklagt werden.

– Unternehmens-Entscheidungen sind nicht nur Beschlüsse einer Summe von Individuen. Unternehmen führen ihr Eigenleben. Individuen sind in Rollen innerhalb des Unternehmens eingebunden. Individuelle Identität ist den Anforderungen der Organisation untergeordnet. Einstellungen und Verhaltensstile von Individuen werden in bestimmter Richtung durch das Unternehmen beeinflußt.

– Nur wenn das Unternehmen selbst strafrechtlich haftbar ist, können kriminogene Unternehmens-Strukturen geändert werden, um künftige Unternehmens-Kriminalität zu vermeiden. Die wahren Ursachen der Unternehmens-Kriminalität müssen vom Gericht durch Eingriffe in die Unternehmens-Struktur beseitigt werden. Wenn nur ersetzbare Individuen bestraft werden, kann man die Unternehmens-Kriminalität in Zukuinft nicht verhindern.

---

[208] *Donald R. Cressey:* Poverty of Theory in Corporate Crime Research. In: Gilbert Geis/Robert F. Meier/Lawrence M. Salinger (Hrsg.): White-Collar Crime. 3. Aufl. New York, London, Toronto, Sydney, Tokyo, Singapore 1995, 413–431; unentschieden: *Gilbert Geis/Joseph Dimento:* Should We Prosecute Corporations and/or Individuals? In: Frank Pearce/Laureen Snider (Hrsg.): Corporate Crime: Contemporary Debates. Toronto, Buffalo, London 1995, 72–86.

[209] *John Braithwaite/Brent Fisse:* On the Plausibility of Corporate Crime Control. In: Gilbert Geis/Robert F. Meier/Lawrence M. Salinger (Hrsg.): aaO. (Fn. 208), 1995, 432–449.

[210] *Brent Fisse/John Braithwaite:* Corporations, Crime and Accountability. Cambridge, New York, Melbourne 1993.

[211] *Anne Ehrhardt:* Unternehmensdelinquenz und Unternehmensstrafe. Berlin 1994, 102.

[212] *Barbara A. Belbot:* Corporate Criminal Liability. In: Michael B. Blankenship (Hrsg.): aaO. (Fn. 181), 1993, 211–237.

– Wenn das Unternehmen selbst strafrechtlich verantwortlich ist, braucht man vom Schuldprinzip nicht abzurücken. Man muß es lediglich mit Rücksicht auf die Gegebenheiten des Unternehmens modifizieren. Das Unternehmen hat ein Innenleben, es besitzt interne Strukturen, in denen Entscheidungsfindungs-Prozesse ablaufen. Die strafrechtliche Verantwortlichkeit des Unternehmens beruht auf solchen (fehlgelaufenen) inneren Organisations-Prozessen. Die Unternehmens-Schuld ist darauf zurückzuführen, daß Unternehmens-Straftaten durch solche internen Prozesse verursacht und gefördert werden.

– Unternehmen haben viel bessere Möglichkeiten als Individuen, der großen Zahl der durch sie geschädigten Opfer Wiedergutmachung zu leisten.

– Bei alleiniger individueller strafrechtlicher Verantwortlichkeit können Unternehmen die Strafverfolgung für Unternehmens-Kriminalität dadurch zunichte machen, daß sie die Zuständigkeiten und Verantwortlichkeiten innerhalb ihrer Organisation unklar abgrenzen und vernebeln.

4. Kriminalpolitische Maßnahmen

Sind die Unternehmen selbst für ihre Unternehmenskriminalität verantwortlich, so muß die Frage beantwortet werden, ob ein kooperativer, ein punitiver oder ein gemischter Ansatz der Strafverfolgung verwirklicht werden soll. Eine kriminalpolitische Richtung setzt sich für eine kooperative Regelungsstrategie ein: Die Unternehmen sollen durch Verhandlung, Beratung, freundliche Überredung zur Selbstkontrolle veranlaßt werden. Administrative Maßnahmen und positive Sanktionen, z. B. Steuererleichterungen, Gewährung staatlich garantierter, verbilligter Kredite, Preisverleihungen, für prosoziale Unternehmen sollen genügen. Der punitive kriminalpolitische Ansatz befürwortet nachdrücklich aus folgenden Gründen den Strafrechts-Einsatz: Der kooperative Ansatz ist zu teuer, weil er zu viel Verwaltungspersonal erfordert[213]. Auf das Strafrecht kann nicht verzichtet werden, weil die kooperative Regelungsstrategie ohne glaubhafte Drohung mit formellen Sanktionen undurchsetzbar ist. Nur das Strafrecht besitzt den Mechanismus, eine angemessene Mißbilligung öffentlich zum Ausdruck zu bringen. Schließlich kann die soziale Sichtbarkeit, die Empfindsamkeit und das Einfühlungsvermögen der Bevölkerung für Berufs- und Unternehmens-Kriminalität nur durch die Strafrechtsanwendung aufrechterhalten oder wiederhergestellt werden. Weder der kooperative noch der punitive kriminalpolitische Ansatz ist allein anwendbar. Vielmehr muß

---

[213] *Laureen Snider:* Bad Business. Corporate Crime in Canada. Scarborough/Ontario 1993, 157.

ein gemischter Ansatz verfolgt werden, bei dem das Strafrecht ultima ratio bleibt.

Eine Verurteilung zu Geldstrafe ist bei Berufskriminalität nicht sinnvoll; sie ist auch bei Unternehmenskriminalität nicht zu empfehlen. Denn die Geldstrafe kann bei Berufskriminalität auf Klienten, Patienten und Kunden und bei Unternehmenskriminalität auf Konsumenten und Aktionäre abgewälzt werden. Freiheitsstrafe ist bei Berufskriminellen wirksam. Sie sind durch sie gut abschreckbar. Denn sie haben viel zu verlieren: ihren sozialen Status, ihr Ansehen, ihren Beruf, ihr Familienleben. Einschneidend können für sie auch Berufsverbote, die ständige oder zeitweilige Entziehung ihrer Berufslizenz sein.

Da das Unternehmen strafrechtlich haftbar ist, kann das Gericht in seine defekte Unternehmensstruktur eingreifen und – im Falle ständigen kriminellen Rückfalls – das Unternehmen sogar auflösen. Als Rehabilitations- und Interventions-Sanktion ist die Unternehmens-Bewährungshilfe („Corporate Probation")[214] möglich. Das Gericht kann das Unternehmen unter die Aufsicht eines vereidigten Buch- und Rechnungsprüfers oder eines Umweltexperten stellen. Gesundheits- und Sicherheitsprogramme werden eingerichtet; kriminogene Organisations-Strukturen werden beseitigt; die Selbstkontrolle des Unternehmens wird verbessert. Das Unternehmen kann zur Wiedergutmachung oder im Falle von Umweltschäden zur Wiederherstellung der Umwelt und der Infrastruktur[215] verurteilt werden.

Es kann gemeinnützige Arbeit leisten, deren Durchführung allerdings gut beaufsichtigt werden muß. Denn das kriminelle Unternehmen kann die gemeinnützige Arbeit zu Werbezwecken mißbrauchen.

In Zukunft werden Mega-Straftäter – ob Berufs- oder Unternehmenskriminelle – in wachsendem Maße öffentlich angeprangert und isoliert werden[216]. Die Kriminaljustiz wird das verbesserte und ausgeweitete Informationssystem nutzen, um durch Publizitäts-Sanktionen das Problembewußtsein für sozial weniger sichtbare Kriminalitätsformen zu wecken und zu vertiefen. Unternehmen sind wegen der großen gesellschaftlichen und wirtschaftlichen Bedeutung ihres Rufes („Corporate Image") und wegen ihrer Zukunftsorientiertheit höchst empfindlich gegenüber negativer Publizität. Das Gericht kann kriminelle Unternehmen dazu verurteilen[217], in Spezialzeitschriften, z. B. in Konsumenten- oder Frauenmagazinen, auf eigene Kosten Einzelheiten ihres kriminellen Verhaltens bekanntzumachen.

---

[214] *William S. Lofquist:* Organizational Probation and U.S. Sentencing Commission. In: Annals of the American Academy of Political and Social Science. 525 (1993), 157–169.
[215] Vgl. dazu United Nations, General Assembly: aaO. (Fn. 151), 1988, 204.
[216] *Marvin Wolfgang:* aaO. (Fn. 183), 1994, 287.
[217] *Brent Fisse/John Braithwaite:* The Impact of Publicity on Corporate Offenders. Albany/N.Y. 1983, 312.

Die Publizitätssanktion kann zum Inhalt haben, die Organisations-Reformen innerhalb des Unternehmens zu veröffentlichen, zu denen es verurteilt worden ist. Die öffentliche Demütigung eines bisher respektablen Unternehmens kann schmerzliche und peinliche Folgen für das Unternehmen haben.

X. Ergebnis des kriminalpolitischen Überblicks

In der Bundesrepublik werden zu etwa 85 % Geldstrafen verhängt; zirka 15 % der Täter erhalten Freiheitsstrafen, von denen allerdings rund zwei Drittel zur Bewährung ausgesetzt werden, so daß nur etwa 5 % aller Verurteilten sogleich eine Freiheitsstrafe verbüßen müssen. Mit dieser Sanktionsstruktur hat die Bundesrepublik gegenüber anderen Ländern, z. B. gegenüber den Vereinigten Staaten, eine gute kriminalpolitische Ausgangsbasis für das 21. Jahrhundert. Denn gegen Geldstrafen und Strafaussetzung zur Bewährung ist grundsätzlich nichts einzuwenden. Nur müssen die Erträge der Geldstrafe dem Verbrechensopfer zugute kommen, und die Bewährungshilfe muß besser personell und finanziell ausgestattet werden, damit sie ihre Aufgabe, Überwachung, Hilfe, Beratung, erfolgreicher erfüllen kann. Eine eventuelle Stärkung des Laienelements durch freiwillige Bewährungshelfer wird sich bei ihr günstig auswirken. Die zu teure und ineffektive Freiheitsstrafe ist in der Bundesrepublik gegenüber dem Ausland schon beachtlich zurückgedrängt worden. Allerdings werden immer noch zu einem Drittel kurze Freiheitsstrafen unter sechs Monaten ausgesprochen, die durch gemeinnützige Arbeit ersetzt werden könnten. Im übrigen haben mittlere Strafen (Alternativen zur Freiheitsstrafe), z. B. Hausarrest mit elektronischer Überwachung, kriminalpolitisch nur eine untergeordnete, weil zu begrenzte Bedeutung.

Strafrecht und Strafverfahren sind in der Bundesrepublik immer noch zu sehr obrigkeitlich geprägt. Mit der Wandlung der Sozialstruktur ist ein Umbau, eine stärkere Demokratisierung, notwendig geworden.

– Die Wiedergutmachung ist als ein eigen- und selbständiges sanktionsrechtliches Zentralinstrument auszubauen. Wiedergutmachung besteht hierbei nicht nur in einer materiellen Leistung. Sie ist vielmehr ein kreativer Prozeß, eine Persönlichkeits- und Sozialleistung, durch die der Täter seine Verantwortung für die Tat vor dem Opfer und vor der Gesellschaft auf sich nimmt.

– Die Straftat ist nicht allein eine abstrakte Rechtsgutverletzung; sie ist auch eine konkrete psychosoziale Verletzung der Person des Opfers. Deshalb ist eine Repersonalisierung und ein Stück weit auch eine Reprivatisierung des Strafverfahrens notwendig. Opfer und Täter müssen Rechtssubjekte im Strafverfahren werden.

– Die Freiheitsstrafe muß ultima ratio bleiben. Zur Humanisierung des Strafvollzugs muß am Strafvollzugsziel der Resozialisierung festgehalten werden. Es ist allerdings zur Wiedergutmachung weiterzuentwickeln. Auf bestimmte Tätergruppen, z. B. Sexualstraftäter, sind Behandlungsmethoden anzuwenden, die sich als relativ erfolgreich erwiesen haben.

– Sexualstraftäter sind für ihre Tat, für ihre Behandlung und für ihren Rückfall selbst verantwortlich. Die Externalisation der Verantwortlichkeit durch das medizinische Kriminalitäts-Entstehungs-Modell hat sich als Fehlschlag erwiesen. Durch kognitives Verhaltenstraining (mit Rückfall-Verhinderungs-Training) müssen Sexualstraftäter ihre sexuelle Deviation verlernen. Da sie stark rückfallgefährdet sind, bedürfen sie einer intensiven Kontrolle.

– Weit verbreitete, unterberichtete, schlecht kontrollierte Delikte müssen durch ein Mediationsverfahren eingedämmt werden, in dem die Beteiligten ihre Konflikte mit gerichtlicher Hilfe in einem informellen Verfahren selbst lösen. Das Mediationsverfahren ist grundsätzlich auf Wiedergutmachung und soziale Unterstützung gerichtet. Es eignet sich z. B. für Kriminalität im sozialen Nahraum, für Kleinkriminalität und für Wirtschafts- und Umweltkriminalität.

– Aus humanitären Gründen, aber auch zur Verhinderung des Täter- und des weiteren Opferwerdens ist Opferbehandlung kriminalpolitisch notwendig. Kognitives Verhaltenstraining ist bisher in klinischer Erfahrung die erfolgreichste Opfer-Behandlungs-Methode.

– In der Jugendstrafrechtspflege ist das Jugendgericht beizubehalten oder zum Familiengericht weiterzuentwickeln. Jugendstrafe, die in möglichst kleinen Jugendstrafanstalten vollstreckt wird, ist bei Jugendlichen bis zu ihrem 18. Lebensjahr nur ausnahmsweise anzuwenden. Es ist vielmehr von Alternativen, z. B. Gruppenwohnheimen, Pflegefamilien, Tagesbetreuungsstätten, Gebrauch zu machen.

– Die Strafbarkeit des Rauschmittelmißbrauchs muß bestehen bleiben. Denn eine breite Mehrheit der Bevölkerung, auch der Jugend, hält das strikte Drogenverbot und seine Strafbewehrung für richtig. Methadon-Erhaltungs- und Heroin-Verschreibungs-Programme gehen dem Rauschmittel-Mißbrauchs-Problem nicht auf den Grund. Drogen-Abstinenz ist mit kognitivem Verhaltenstraining (mit Rückfall-Verhinderungs-Training) erreichbar.

– Auf Megakriminalität, die von legalen und illegalen Unternehmen (Organisationen) verübt wird, muß kriminalpolitisch anders reagiert werden als auf konventionelle Alltagskriminalität. Für Unternehmens-Straftaten ist das Unternehmen selbst strafrechtlich verantwortlich, dessen interne Strukturen geändert werden müssen. Die Kontrolle des Organisierten Verbrechens muß vor allen Dingen darauf gerichtet sein, die kriminelle Organisation und ihre sozialstrukturelle Verflechtung zu zerstören.

www.ingramcontent.com/pod-product-compliance
Lightning Source LLC
Chambersburg PA
CBHW050654190326
41458CB00008B/2553